# 愛と祈りで子どもは育つ

渡辺和子

PHP文庫

○本表紙図柄＝ロゼッタ・ストーン（大英博物館蔵）
○本表紙デザイン＋紋章＝上田晃郷

# はじめに

マリアン・アンダーソンという世界的に有名な歌手が、ステージに出る直前、舞台の袖《そで》で、「うまく歌えるように」ではなく、「アイ・ラブ・ユー」と聴衆に向かって三度呟《つぶや》き、祈ってから舞台に出たと聞きました。

上手に歌えるに決まっているのに、なおかつ、このように愛をこめ、祈りをこめてステージに立ったからこそ、この人の歌は聴く人の心を揺さぶったのでしょう。

子育てについても同様のことが言えるのではないでしょうか。「上手に育てよう」とか、誉《ほ》められる親であろうと考えていては、子どもは必ずしも良く育たないのです。親自身が身を正して生きていること、そして子どもに対して「アイ・ラブ・ユー」を発信していることが大切なのです。

愛も祈りも目には見えません。そしてそのいずれも、お金で買えない「大切なもの」なのです。物質や金銭が決して「愛」の代わりになることはなく、また親の期待通りになるようにと願うことが、決して子どものための「祈り」ではないことに気づきたいものです。

母親のからだに宿った時から「アイ・ラブ・ユー」と絶えず聞かされ、生まれた後も、「アイ・ラブ・ユー」と抱きしめられ、見守られる時、子どもは、その愛と祈りで育ってゆきます。

この度《たび》の本は、私が講演等で話したものを基に、編集部がまとめてくださったものです。そのご苦労をお取りくださり、長い間、辛抱《しんぼう》強く、私のわがままを許してくださったPHP研究所の菱田美鳥さまに厚くお礼申しあげます。

この本を読んでくださる方が、第1章の冒頭の「親の祈り」にあることを一つでも実行してくださり、自分も子どもも、「生かされて、愛されている」ことに気づき、周囲の人々への祝福となって、この生きづらい世を笑顔で生きてくださったら嬉《うれ》しく思います。

平成十八年四月

渡辺和子

# 愛と祈りで子どもは育つ

目次

第1章

# 親の祈り

## 第2章 やさしさの中に強さを

# 第3章 人を生かすもの

本文イラスト・山口みれい

## 第1章

# 親の祈り

# 「親の祈り」

神さま
もっと良い私にしてください。

子どもの言うことをよく聴いてやり
心の疑問に親切に答え
子どもをよく理解する私にしてください。

理由なく子どもの心を傷つけることのないようにお助けください。

子どもの失敗を笑ったりせず

子どもの小さい間違いには目を閉じて
良いところを見させてください。
良いところを心から誉《ほ》めてやり
伸ばしてやることができますように。

大人の判断や習慣で
子どもをしばることのないように
子どもが自分で判断し
自分で正しく行動していけるように導く知恵をお与えください。

感情的に叱《しか》るのではなく
正しく注意してやれますように。
道理にかなった希望はできるだけかなえてやり

彼らのためにならないことはやめさせることができますように。

どうか意地悪な気持ちを取り去ってください。
私がまちがったときには
きちんとあやまる勇気を与えてください。
いつも穏やかな広い心をお与えください。

子どもと一緒に成長させてください。
子どもも私も生かされて愛されていることを知り
他の人々の祝福となることができますように。

アーメン

育てる

# 子どもと共に親も育つ

皆さんは、毎日どんな気持ちで子育てをなさっていますか？「親の祈り」という詩を読むとき、「ああ、私もこんな気持ちで子育てができたら……」とお感じになる方も多いのではないでしょうか。

「子どもを育てる」というのは、まず親自身が自分を育てることであり、こういう気持ちで、いつも子どもと向かい合うことなのではないかと思います。育児は育自なのです。

親は、自分が持っていないものを子どもに与えることはできません。やさしい心を持った子どもに育ってほしいと思えば、親がまず、思いやりのある人となり、他人の痛みをわかろうと努力をすることが必要なのです。

このように、祈ることも大切です。私たちは祈ることによって、自分の不完全さ、思いあがりに気づき、また他人の不完全さを許す心のゆとりを取り戻すことができるからです。

もちろん、祈ったからといって、すぐに心に平安が生まれ、この詩のようなすばらしい親にすぐになれるわけではありません。でも、祈る親と祈らない親とでは大きな違いがあります。

子どもに厳しく当たってしまった後で、「今度こそはもっとよい親になろう」と決心する、そんなことを何度も繰り返してしまうのが人間です。そういう日々の繰り返しの中で、子どもと共に親も育っていくのです。

# 子育てとは、子どもと一緒に親も成長するということ

子どもを叱った後で、「もっとよい親になろう」と決心する。
子育てはそんな日々の繰り返し。

ほほえみの力

# キャンドルサービス

クリスマスのキャンドルサービスを、ご経験になったことがありますか？

隣の人から自分のキャンドルに灯《あかり》を灯《とも》してもらい、そして今度は自分が、また自分の隣の人のキャンドルに灯を灯してあげる……。そうやって、一つひとつキャンドルが灯されるごとに、その部屋がどんどん明るくなっていきます。

私のキャンドルの灯を隣の人に差し上げても、私の灯が弱くなったり、減ったりすることはありません。

私たちは、他人から分けていただいたキャンドルの灯によって、輝いて生きていくことができます。そしてその灯を今度は隣の人に差し上げること、それは、人間がお互い同士、助け合い、持っているものを分かち合って生きている姿と言ってもいいのではないでしょうか。

同じことが「愛」についても「ほほえみ」についても言えます。「愛は溢《あふ》れゆく」という言葉がありますが、ほほえみも溢れていきます。

あるトラック運転手さんの投書が全国紙に載っていたことがあります。長距離を夜《よ》っぴて走ってもう少しで目的地に着くという朝七時半頃、トラックの前を小学生が手を上げて渡り始めようとしていました。

いまいましく思った運転手は、タイヤをきしませて、トラックを停めたところ、その小学生は、横断歩道を渡り切ったところで、運転台を見上げてにっこり笑い、「ありがとう」と言ったというのです。

「穴があったら入りたい気持ちだった」とその運転手さんは書いていました。そして、「これからは、スピードを出しすぎることはすまい。横断歩道の手前ではスピードを落とし、渡る人ににっこり自分からほほえみかけようと決心した」とも書いていました。

ほほえみは、このように、もらった人の心を和《なご》ませる力を持っています。

皆が、自分の〝キャンドルの灯〟を惜しむことなく、隣人に与えるようにしたら、どんなに社会は住みよくなることでしょう。

親が子どもに伝えたい大切なことの一つです。

# 自分の〝キャンドルの灯〟を、惜しむことなく隣人に与える

人に灯してもらったキャンドルの灯によって、
私たちは輝いて生きていくことができる。

生きる自信

# 子どもは「宝」

私は、四人兄弟の末っ子で、父が五十三歳、母が四十四歳の時に生まれました。その頃、父は北海道・旭川の陸軍第七師団の師団長をしておりました。師団長に孫が生まれることはあっても、子どもが生まれたためしはないというので、母は私を産みたがらなかったそうです。

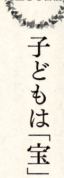

それを、父が「男が子どもを産むんだったらおかしいけれども、女が子どもを産むのにおかしいことがあるものか。産んでおけ」と言ってくれて、産んでもらった子どもです。

小さかった頃はそんなことを全く知らなかったのですが、恐ろしいものですね。おなかの中にいる時から何かを感じていたのか、母にはなぜか、なつかなかったのです。一方、父は私をとても可愛《かわい》がってくれまして、私も父が大好きでした。その父も私が九歳の時、二・二六事件で殺されてしまいましたが、父は九年間に、一生涯分の愛情を私に注いでくれました。

望まれないで生まれたということが、知らず知らずのうちに、私には負い目となっていて、「生まれてきてすみません」という気持ちと、その裏腹に、自分はいつも一番でなければならない、人よりもすぐれていないと生きていて申し訳ないという思いがついてまわりました。加えて、いつも私より出来のよい姉や兄たちと比較され、私は劣等感を抱いて生きていたように思います。

劣等感の塊だった私を、ある方が救ってくださいました。アメリカ人の宣教師のところで仕事をしていた、二十二歳の頃のことです。その方は私を、「あなたは宝石のような人だ」と言ってくださったのです。

戦後まもなくのことで、戦争中、学ぶことを禁じられていた私の英語力は貧弱な上、タイプライターの打ち間違いも多く、仕事も決して早くはありませんでした。しかし、仕事の出来不出来にかかわらず、一生懸命努力する私に、「あなたは宝石のような人だ」と言ってくださったのです。

その時、私は自分の姿を見直すことができました。今まで人と比べて、だめだ、だめだと思い、自分は石ころだと思ってきたけれども、ありのままに私を受け入れ、可能性を認めてもらえた。私は、私を宝石と言ってくださった方のために自分を磨こうと決心することができたのです。

自分をありのままに受け入れてもらった時、人は自分が生きていく意味を見《み》出《いだ》すことができ、生きる勇気を与えられます。かくて、子育てでもっとも大事なことは、親が子どもを受け入れ、ありのままの子どもを宝として大切にすることです。それによって子どもは生きる力を与えられ、生きていく自信や生きていく意味を自分で見つけ出すことができるのです。

# 受け入れてもらった時、人は生きる勇気を与えられる

ありのままの子どもを宝として大切にすること。
それだけで子どもは、生きる力を与えられる。

ほんもの

# 「ネギは天才だ」と思える親に

岸《きし》田《だ》劉生《りゅうせい》という洋画家が書いた、短い詩があります。

エンドウにも
バラにもなろうとせず
ひたすら、自分として育っていく故に
ネギは天才だ

アトリエの中に、バラとエンドウとネギが置いてあったのかもしれません。あるいは、野原にお出かけになった時に、ご覧になったのかもしれません。この絵心のある方が、「ネギは天才だ」とおっしゃっているのです。

私たちは、ネギがエンドウになったり、バラになったりするのを天才だと思いがちです。そして、子どもたちにも、エンドウになれ、バラになれと、望んでいることが多いのではないでしょうか。おまえはなぜエンドウのように実をつけないの、おまえにはなぜバラのような高い値段がつかないの……と。ネギである自分たちから生まれた子どもなのに、子どもたちにはエンドウになってほしい、バラになってほしいと願って、叱ったり塾にやったりしていないでしょうか。

もちろん、私はネギにこだわっているわけではありません。ここで大事なことは、〝ひたすらに自分として育っていく〟ということなのです。

私たちは、子どもたちがひたすらに自分として育っていくようにと願っているでしょうか。親の期待に添う子どもになることのみを願ってはいないでしょうか。他の子どもと比べて、羨《うらや》ましがったり、惨《みじ》めになったりしていないでしょうか。

ネギは自分を恥じてはいません。私はネギだ、ネギとして生きるのだ、その姿を見て、岸田劉生は「ネギは天才だ」と言っているのでしょう。

相田みつをさんが、同じようなことを次の詩に書いていらっしゃいます。

「みんなほんもの(*a)」

トマトがねえ
トマトのままでいれば
ほんものなんだよ
トマトをメロンに
みせようとするから
にせものに
なるんだよ
みんなそれぞれに
ほんものなのに
骨を折って
にせものに
なりたがる

ネギであるかエンドウであるか、トマトであるかメロンであるかよりも大切なのは、それぞれがほんものであり、自らに自信を持って生きるということで、そうであるために、親が「ほんものを大切にする心」を持っていることが求められています。

# 子どもは一人ひとり違う。だからほんもの

親が願うのは、子どもがただひたすらに、
〝自分として育っていくこと〟。

人間の欲求

# 満たされているということ

自分が満たされていないと、自分の欲求を満たすことに精いっぱいで、他人の存在の大切さに気づくゆとりがなくなります。つまり、人は満たされていないと、相手を自分の欲求不満を解消する道具として見てしまいがちです。そして、欲求を満たしてくれる人は大切にしても、そうでない人を遠ざけたり、その人と共にいると退屈したりすることがあります。つまり、人は相手を、自分の欲求不満を満たしてくれるか、くれないか、という尺度で見てしまうことが多くなるのです。

いくら経済的に、また物質的に満たされていても、心の中が平和で満たされているかどうか、喜びで満たされているかどうか、実はそれがとても大事なのです。「満腹人間が今の世の中多すぎて、満足人間が少なくなった。そして、このことが、今の青少年の非行の原因となっている」という言葉に、本当にそうかもしれないと思ったことがあります。

つまり、おなかが空《す》いてミルクを泣き求める乳児に哺乳《ほにゅう》ビンをくわえさせておけば、満腹するだろう。しかし、母親の胸に抱かれて、母乳をもらったり、抱いた手からミルクを飲ませてもらう乳児は、満腹と同時に満足するだろうということなのです。

「人はパンのみで生きるのではない」のです。母親の愛情、人の温《ぬく》もりなしに育つ時、ロボットのような血も情けもない子どもが育つことが考えられます。私たち人間は、満たされないと、どうしても満たしてくれる人を求めがちです。

私は今も若い女子学生たちに接する機会がありますが、彼女たちが、ボーイフレンドから自分を価値あるものと見てほしいために、お化粧をしたり、お金を貢《みつ》いだり、体を安易に委《ゆだ》ねてしまったりするのを見ると、本当に悲しくなります。

彼女たちは、自分自身の価値を自分でしっかりとつかめていないために、不安定な状態におかれていて、他人に自分の価値を認めてもらわないと心が不安なのです。ボーイフレンドに価値あるものと見てもらうためなら何でもする、それは自分を大切にしていることではなく、自分を粗末にしていることなのです。

自分を大切にするということは、かけがえのない自分の価値に目覚めることであり、そのためには、他人にありのままの自分で大切にされることが必須《ひっす》条件です。

大切にされて、初めて人は自分の「大切さ」に気づくのですから。

他人が大切にしてくれない時、他人が自分の欲求を満たしてくれない時はどうしましょう。自分で自分を大切にすること、自分が自分を愛することが必要なのです。

# 他人が大切にしてくれない時は、自分で自分を大切にする

満たされていないと、人は相手を
自分の欲求不満を解消する道具として見てしまう。

これが私

# 自分を愛するということ

自分を愛するということは、利己主義とは違います。

利己主義というのは、自分でもほれぼれとする自分しか愛せない人。自分が惨めな境遇にあることに耐えられない人。したがって、いつも自分を日の当たる場所におき、人よりも輝く場所に、人も羨む地位におこうとする。そのために人を押しのけてでも自分の地位を確保しようとします。

一方、本当に自分を愛する人、自分にやさしくできる人というのは、どんな自分でも受け入れることができる人です。こうあってほしいと思う自分の姿とかけ離れた自分、こういう自分ならば自分として受け入れられると思う自分とは全く違うふがいない自分、嫌気がさして愛想が尽きるような自分とも、仲良くできる人です。そういう自分に向かって、「私はあなたが好き」と言える人です。

学生たちに、この話をした後、一人の学生が私を追いかけて来て、「シスターの話は、頭ではわかるけれど、〝こんな私〟好きになれません」と言いました。私はその人に、「〝そんなあなた〟を誰も好きになってくれませんよ。だから、自分と仲良くしましょうね」と話したことがあります。

嫌いな人と一緒にいると、どうしても不機嫌になりがちです。その反対に、好きな人と一緒にいれば、何がなくても心は明るくなります。

電車の中で嫌いな人と一緒だと時間の経《た》つのが遅く、「まだ○○」と駅名を見て思うのに、好きな人と一緒だと、「もう○○」と駅名を見て思った経験がないでしょうか。時間は全く同じに刻んでいるのですが。

二十四時間、一緒にいて、別れることのできない自分と仲良くしたいものです。すべてを「これが私」と受け入れ、いとおしんでやりましょう。

いつでしたか、授業中に板書をして、その後で、一字間違えていたことに気づきました。急いで書き直してから学生に、「ごめんなさい。私ってそそっかしいでしょう。でも私は、こんな私が好きなのよ」と笑顔で言いましたら、学生たちがとても喜んでいました。

機嫌のよい家族の中で育った子どもは、自然に自分と仲良くすることを覚え、自分を愛することを学んでいきます。

そのためにも、まず親である自分が自分自身と仲良くして、できるだけいつも笑顔で機嫌よくしていたいものです。

# 愛想が尽きるような自分とも、
# 仲良くできる人に

親自身が自分と仲良くして、
できるだけいつも笑顔で機嫌よく過ごす。

誇り

# 「われは草なり」

小学校の教科書にも載ったことがある、高見《たかみ》順《じゅん》という詩人が書いた「われは草なり」という詩があります。

われは草なり
伸びんとす
伸びられるとき
伸びんとす
伸びられぬ日は
伸びぬなり
伸びられる日は
伸びるなり

われは草なり
緑なり
全身すべて
緑なり
毎年かはらず
緑なり
緑のおのれに
あきぬなり

われは草なり
緑なり
緑の深きを
願ふなり

ああ　生きる日の
美しき
ああ　生きる日の
楽しさよ
われは草なり
生きんとす
草のいのちを
生きんとす

（『高見順詩集』彌生書房）

これは、自分自身の現実をしっかりと受け止めた上で、その自分を愛している人の心を表現しています。

まず、自分の中に「伸びようとする力」があることをしっかりと認めています。

次に、「伸びられぬ日は　伸びぬなり」。私たちはスランプに陥《おちい》る日があります。そういう時には無理をしない。そういう時は誰にでもあるものなのです。

「伸びられる日は　伸びるなり」。伸びられる日はのびのびと伸びるのです。怠《なま》けてはいけません。

「緑のおのれに　あきぬなり」。体中すべて緑。そして来年も再来年も毎年緑。その緑である自分に飽きない。色美しい花と見比べて落ち込むことなく、実をつける樹と比べて、自分を卑下《ひげ》することなく、ありのままの自分といつも新しく出会い、いとおしんでいる姿が表われています。

「緑の深きを　願ふなり」。バラのように大輪の花を咲かせることを願うのではなく、実を実らせることを願うのではなく、去年よりも今年、今年よりも来年と、自分の本来の姿である緑がより深く美しくなっていくこと、つまり成長を願っています。

「ああ　生きる日の　美しき　ああ　生きる日の　楽しさよ」。自分の思うままにならない、辛《つら》いことのほうが多いこの世の中を生きながらも、生きることの喜び、楽しさを謳《うた》い上げることができるのは、ひたすら「草のいのちを　生きんとす」と自分が神さまからいただいたいのち、私しか生きることができないいのちを精いっぱい生きることを使命としているからに他なりません。

この詩に表わされているのは、草である自分に対するやさしさです。同時に、草として生きていく自分の誇りが表われています。自分を他と比べることなく、「私は私、人は人」として、「他と同じくならなくてもいい自分」への愛を謳っています。

他人が皆、私よりも輝いて見え、自分が惨めに思える時、私はこの詩を口ずさんだり、つぶやいたりします。そして、生きる勇気を取り戻すのです。

# 自分しか
# 生きることができないいのちを
# 精いっぱい生きる

「私は私、人は人」、
他の人と同じにならなくていい。

死の準備

# 小さな死

「一粒の麦が地に落ちて死ねば、多くの実を結ぶ。一粒のまま止まれば、そのまま枯れる」

これは聖書の中の一節で、この聖句は「死んで生きる」不思議な力を言い表わしています。

私たちは皆必ず死を迎えます。どんなにお金があっても、高い地位にあっても、死を免《まぬが》れることはできません。良き死を迎えたいという気持ちは誰にでもあって、私なども、講義中に教壇の上で死ねたらよいと思ったことがありました。教師として、この上ない良い死に場所のように思ったものです。

しかし死は予期しない時に訪れます。出産予定日はあっても、死ばかりは、いつ、どんな形で迎えなければならないか誰にもわかりません。「人は生きたように死ぬ」と言われていますが、これも必ずしもそうとは限らないようです。

積極的に、死の準備をすることも大切なのではないでしょうか。ちょうど演劇やコンサートにリハーサルが必要であるように。

本番で落ち着いて自分の役割を果たすために、私はこの本番の死、「大きな死」のリハーサルをするために、毎日の生活の中で「小さな死」の実行をすることを思い立ちました。

「小さな死」というのは、自分の生活の中での小さな我慢、自分の利己心に勝つこと、他人に流されないで生きること、相手が無礼な態度を取ったのに仕返しをすることなく許すこと、相手が恩知らずなのにこちらがやさしくしてあげること……等を指します。これらはすべて自分が死なないとできません。私が、私が、と言っている間はできないのです。

私はよく「リトル・デス」とつぶやくことがあります。たとえば、会いたくない人に会わなければいけない時、階段を下りながら「リトル・デス」とつぶやきます。一粒の麦の「死」が豊かな収穫をもたらすように、私たちも自分が死ぬことによって豊かないのちを生み出すことができると信じる時、日々の生活の中で自分が死ぬことの意味ができてきて、死を肯定することができるのです。

# 毎日の生活の中で「リトル・デス」を実行する

一粒の麦の「死」が豊かな収穫をもたらすように、
私たちも自分が死ぬことによって豊かないのちを生み出す。

一人ひとりの魂

# 「生きている」と「生きていく」

臓器移植で問題になったのは、どの時点まで当人が「生きている」かということでした。換言すると、どの時点まで人は「死んでいない」ということになるのかもしれません。しかし、一人の人間が「生きていく」ということは、その人の生命力を必要とし、その力の源泉となるのは、他人からの「愛」や「信頼」ではないでしょうか。生きていくためには、私たちの存在が祝福されていないといけないのです。

「生きている」という言葉と「生きていく」という言葉とは、一字の違いです。けれども内容は異なります。

マザー・テレサは、インドのカルカッタ（現コルカタ）で、貧しい人、孤児、ホームレスのまま死んでいこうとする人、世間から見捨てられた人たちを、見捨てないでお世話した方でした。

マザーが設立した「神の愛の宣教者会」という修道会に属するシスターたちがカルカッタの町に出て、このような貧しい人たちのために炊き出しをして、夕方、修道院に戻ってきます。「マザー、今日はこんなにたくさんの人にご飯をあげました。こんなにたくさんの人にスープをあげました」。そう報告すると、マザー・テレサは「ご苦労さまでした」とねぎらった後で、常にこう言われたそうです。

「そのうちの何人に、あなたはほほえみかけましたか？　スープの入ったボウルを渡す時に何人の手に、ちょっと触《さわ》って、温もりを伝えましたか？　そのうちの何人に、声をかけてあげましたか？」

そしてまた、「私たちは福祉事業家ではありません。私たちにとって大切なのは、群衆ではなくて、一人ひとりの魂なのです」と言われるのでした。

お役所の福祉に関《かか》わる人が、困っている人々、孤独な老人にご飯を届けたり、介護をしたり、部屋の掃除などの家事を補助したりする、これもとても大事なことだと思います。

しかし、マザー・テレサが与えようとしたのは、肉体的な命を保つためのご飯、スープだけではなく、見捨てられ、生きていく自信を失っている人たちに、「生きていく」自信を与えることだったのです。その行為は、決して相手への憐《あわ》れみ、同情からなされた行為ではなく、相手を〝かけがえのない一人〟と見る愛と尊敬に基づくものでした。

相手から与えられるほほえみ、温もり、言葉……、そういうものの中に「生きていてくださいね」「あなたは生きていていいんですよ」というメッセージがあるのです。そしてそのことで、人は、ただ単に「生きている」のではなく、「生きていく」勇気が与えられるのです。

私たちは家族の間で、「おはよう」「おかえり」「ただいま」「おやすみなさい」という簡単なあいさつを惜しんでいないでしょうか。これは小さなことのようで、大きなことなのです。

# 〝かけがえのない一人〟として、ほほえみや温もりを伝える

「おはよう」「おかえり」「ただいま」「おやすみなさい」

家族の間でも、簡単なあいさつを惜しまない。

愛すること

# 愛の反対は無関心

愛の反対は憎しみではありません。愛がない状態、つまり無関心です。憎しみというのは、「可愛さあまって憎さ百倍」という言葉もあるように、愛の対義語であり、愛が裏返しになった状態と言ってもいいかもしれません。憎い相手は気になります。つまり相手の存在を認めざるを得ないのです。しかし、無関心とは相手の存在さえも認めないことであって、それは世の中で一番悲しいことではないでしょうか。

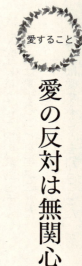

マザー・テレサが一九七九年度のノーベル平和賞受賞者に決定したというニュースに先立って、WHO（世界保健機関）から、遂に地球上から天然痘《てんねんとう》を撲《ぼく》滅《めつ》したという喜ばしい報せが発表されました。受賞後、マザー・テレサは談話の中で言いました。

「世界最悪の病《やまい》がまだ残っています。それは、自分が生きていても、生きていなくても同じだ、生きていないほうがましではないかと考える精神的孤独、精神的貧困という病です。そしてその病は、どれほどたくさんの、億という金を投入して研究しても、または世界の優秀な頭脳を一堂に集めて研究したとしても、特効薬を開発することができない病なのです。この病を癒《いや》すことができる唯一の薬は、やさしい、温もりのある、人の心でしかありません」

愛するものを持っている時、または愛されているという思いを持っている時、どんなに苦しい状況の中におかれても、愛するもののため、また愛してくれている人のために私たちは生きる勇気を持つことができます。

二十世紀の偉大な古生物学者であり、神学者でもあったテイヤール・ド・シャルダンは、次のように言っています。

人生にはただ一つの義務しかない
それは愛することを学ぶことだ
人生にはただ一つの幸せしかない
それは愛することを知ることだ

私たち大人は、子どもたちにこの義務を教え、この幸せを味わわせたいものだと思います。

人を愛することができる子どもに育てるためには、子ども自身が、まず親から愛されていることが大事だと私は思うのです。人から愛されて、人は初めて自分が愛すべき存在（ラブリーな存在）であることに気づき、その自信が、他人を愛するゆとりを生みます。

それまで「愛してちょうだい、愛してちょうだい」ということにのみ心を奪われていたのに、その必要がなくなって、他人を愛することのできる人に変わるのです。そして、そこにまた、もう一人の〝愛された人〟が生まれ、かくて愛はサイクルとして世に溢れてゆきます。

では、誰が一番先に愛したか。愛されずとも愛することができる方を、私たちは神と呼ぶのです。

# 人生の義務と幸せ――それは愛することを学ぶこと、愛することを知ること

子ども自身が、親から愛されていれば、
人を愛することができる子どもに育つ。

与える

# 無財の七施

仏さまの御訓の中に、「無財《むざい》の七施《しちせ》」といい、たとえ財産のない人でも、少なくとも七つの施し（相手の人を喜ばせること）ができるという訓《おし》えがあります。

一つ目「眼施《げんせ》」。やさしい眼差《まなざ》しで相手の人を見てあげることです。睨《にら》みつけるのではなく、相手の人をやさしい眼差しで見る、これはお金もいらなければ時間もいりません。病気の人でも歳《とし》をとってからでもできます。

二つ目は「和顔施《わげんせ》」。穏やかな顔つき、ほほえみです。「私はやさしく生まれついていないから……」という人もいるかもしれませんが、私は「顔の造作は親の責任、顔の表情は本人の責任」だと思っています。

学生たちに、「意地悪な表情、冷たい表情、温かい表情、やさしい表情など、すべては自分自身の責任ですよ」と話すことがあります。心がけ次第で、本当にいい顔になることができると思うからです。いつでも穏やかな顔でいる、これは自分自身への施しにもなるのではないでしょうか。

三つ目は「言辞施《ごんじせ》」。やさしい言葉を人にかけてあげることです。同じことを言うのにも、心にゆとりがある時には、相手の人がどう感じるだろうか、と自分の言葉が相手に与えるであろうインパクトを考えることができます。ところが心にゆとりがない時は、それが考えられません。私たちは、自分の口から出る言葉が、相手を悲しませたり、傷つけるのではなく、その傷を癒し、相手を喜ばせる言葉であるかどうか、そういうことを考えられるゆとりを持ちたいものです。口に出すまで、私たちは言葉の主人ですが、いったん出した言葉の奴隷となることを忘れないようにしましょう。

四つ目は「身施《しんせ》」。これは自分の体を使って、相手の人に何かをしてさしあげることです。災害の時のボランティア、他人の荷物を持ってさしあげることなどがあります。

五つ目は「心施《しんせ》」。思いやりの心を持つことです。「ありがとう」という言葉を口に出すこともその一つでしょう。たとえば、ウェイトレスがコーヒーを運んできてくれた時、お金を払うのですから感謝しなくてもいいように思うかもしれませんが、一言「ありがとう」と言うことで、相手の心が明るくなります。そういう気持ちを使うことです。

六つ目は「牀座施《しょうざせ》」。人にバスや電車の中で席を譲ることであり、また、相手の居心地をよくする心づかいです。グループの中で、一人だけ除《の》け者にされている人がいたら、その人を認め、居場所を作ってあげる、何か言うチャンスを与えてあげることです。家庭の中に子どもの居場所を作ること、学校の中に生徒の居場所を作ることも同じです。私たちの周りには、居場所がなくなって暴走族に入ったり、悪の世界に入ってそこで初めて自分を認めてもらったという事例が少なくないのです。その人たちがもし家庭に、学校に、社会に居場所があったら、そこへは行かなかったでしょう。人は認めてもらえる場所に落ち着くのです。だから、人の居場所を作る、席を譲るということはとても大事なことです。

七つ目は「房舎施《ぼうしゃせ》」。これは少し古い言葉ですが、一宿一飯《いっしゅくいっぱん》の施しといわれるものです。一つのおにぎりを半分、お腹を空かせた人に分けてあげる、ベッドが二つない時は、自分は床に寝て、相手の人をベッドに泊めてあげることです。つまり、持っているものを分かち合うこと、それはどんなに貧しい人でもできるのです。

この「無財の七施」が私たちに教えてくれるのは、たとえ財産がなくても、私たちはすでに与えるものを豊かに持っているということです。やさしい眼差し、ほほえみ、やさしい言葉……、私たちは人に喜びを与えられるものをすでに持っているのですから、毎日の生活の中で、特に子どもに向かい合う時に、惜しみなく与えてゆきましょう。

# 私たちはすでに
# 与えるものを
# 豊かに持っている

相手の人を喜ばせること、
実はそれが自分自身への施しにもなる。

人生の真理

# 自分が変われば、相手も変わる

多くの場合、人は相手から与えられることを求めています。私自身も、人からもらうことばかりを考えていた時代がありました。

周りの人が私を理解してくれたら、私も相手の人を理解するのに……。周りの人がもっとやさしかったら、私もやさしくなれるのに……。相手の人が感謝してくれたら、私だって感謝できるのに……。相手の人が詫《わ》びてくれたら、私も詫びてあげるのに……という気持ちで生きていたことがあるのです。でも、なかなか相手からはもらえません。そのことで不平不満を持った時期もありました。

修道院に入ってから、修道生活というものが自分の思い描いていた生活ではないと失望したことも一度や二度ではありません。私のような人間が入るわけですから、天国であるはずがなく、摩擦《まさつ》や意見の衝突があり、文化、習慣の違いもあり、この人たちと一緒に生活していくのは難しいと思ったこともありました。

その時、かつて私に、「あなたは宝石のような人です」と言ってくださった宣教師に、「修道院を出ようかと思っています」と相談したことがあります。その宣教師は、ご自身の二十年にわたる修道生活を振り返るような深い眼差しで、「あなたが変わらなければ、何をしても、どこへ行っても同じですよ」とおっしゃったのです。

私は、とても大きな真理を教えていただいたように思いました。私が変わらなければ、修道院を出て結婚をしても、独身生活に戻るにしても、他の修道会に変わったとしても、同じように不平不満を持ってしまったことでしょう。

一番大切なのは、私自身が変わることです。

私たちはとかく、周囲が悪い、周囲が変わりさえすれば……と考えがちです。確かにその通りかもしれません。周囲が変わることによって、私たちの幸せが増したり、不幸せになったりすることがあるからです。しかし、それでは主体性がありません。

他人が変わるのを待っていたら、自分が歳をとってしまいます。それでは自分の時間が勿体《もったい》ないです。時間の使い方は命の使い方なのですから。私たちには環境の奴隷でなく、環境の主人として生きる自由が与えられているのであり、その自由は、「自分が変わる自由」であるのです。

子どもを育てていく中で、思うようにいかないこともたくさんあることでしょう。でも子育てで大切なことは、子どもにこうあってほしい、こんなふうに変わってほしいと求めるよりも、まず親である自分が変わることなのです。

現実をどう受け止めて、そこで美しい花を咲かせることができるかどうか、強く生きていくことができるかどうか、つまり自分自身がどう生きるか、それが大事なのです。

インド人の神父に、デ・メロという人がいました。その人の言葉です。

「私の態度のほかに、変わったものは何もなかった。――それだからこそ、すべてが変わったのだ」

# 私たちには「自分が変わる自由」が与えられている

自分が変わらなければ、何をしても、どこへ行っても同じ。
だから環境の奴隷ではなく、環境の主人として生きる。

自分のあり方

# 与えられた条件のもとでどう生きるか

主よ、
変えられないものを受け入れる心の静けさと
変えられるものを変える勇気と
その両者を見分ける叡智《えいち》を与えたまえ

私はこのラインホールド・ニーバー牧師の祈りがとても好きです。

世の中には変えられないこともたくさんあります。たとえば、どこで生まれ、親からどういう遺伝子をもらっているか、どういう家族に囲まれ、どういう環境に育ったか……。このように、生まれながら与えられたもの、自分の意思と関わりなく生じた事柄の中には、変えられないものがあるのです。

しかしながら、そういう事実に対する自分のあり方を決めることは、自分の自由なのです。与えられたさまざまな諸条件のもとで、自分がどう生きていくか、その心のありようは自分で決めることができるのです。

卒業生の中に障害児を産んだ人がいます。その人からもらった手紙には、こんなことが書かれていました。「生まれてしばらくたって、この子に障害があるとわかった時、私は一緒に死のうと思いました。これから先のことを思うと、奈落《ならく》の底に突き落とされたような気がしました。でもその時、学校で習ったことを思い出したのです。〝この子を育てていくことができるから、神さまがくださったのだ〟と。初めは、私自身、どうしてこんな子が生まれたんだろうと思いました。そして夫までも、〝おまえがこんな子を産むからだ〟と言いました。そんな四面楚歌《しめんそか》の中で、私は〝神さまは私だからこの子をお預けになったのだ。この子を宝と思って生きていこう〟と決心したのです」。

自分が障害児の母親であるという条件は変えることができません。しかし、子どもを自分の宝と見るか、否《いな》かは自分が決めることなのです。

私は、それこそが本当の自由だと思います。

「しあわせはいつも自分の心がきめる」（*b）。相田みつをさんの言葉です。

# 自分の心次第で世界の見え方が変わる

与えられたさまざまな条件をどう見るか、
その心のありようは自分で決めることができる。

導く

# 醒めた目と温かい心

ゆとりを持って生きるために、心豊かに生きるために、「醒《さ》めた目と温かい心」を持つことが大事だと思います。醒めた目を持って、物事を客観的に見ながら、同時に人間に対しての温かい心を持っている、この二つが自分の人格の中で統合されてこそ、本当に心豊かに生きることができると思うのです。

私がアメリカ人宣教師のもとで仕事をしていた頃、財務関係で一セント計算が合わなかったことがありました。「一セントぐらい許してもらえる」と甘く考えていた私に、その方は、「一セントも、一万ドルも、間違えるということでは同じことだ。間違いにおいては、一セントだからいいでしょうということはない」と言われました。その時、私は客観的な、醒めた目をその方から教えていただいたと思います。しかし同時に、その方はそのような間違いをする私をいつも温かく包んでくださいました。そして、私が七年後に仕事をやめて修道院に入る時、「あなたほど正確な仕事をした人はいなかった」とまで言ってくださったのです。

もし、私に正確な仕事ができたのだとしたら、私は七年間、その上司の温かさに包まれて、恐れとは無関係に仕事の厳しさを身につけることができたからに他なりません。

子育ても同じでしょう。醒めた目で子どもをしっかりと見つめ、叱るべき時には、はっきり叱り、誉めるべき時には、しっかり誉めて、どんな時にも子どもに変わらない愛情と、導いていく温かさを持つ時、子どもは、親の顔色や機嫌を見ることなく、良いことと悪いことのわかる子に育ってゆきます。

そして「あなたはあなたでいい。そして、あなたはもっとステキなあなたになれる」と励まし、自信を持たせることが、厳しい二十一世紀を生きる子どもたちに一番必要なことだと思うのです。

# 客観的な目と包みこむ愛、
# 子育てにもこの二つが大切

親が醒めた目と温かい心で導いていく時、
良いことと悪いことが自分でわかる子に育つ。

成長する愛

# 九八パーセントの信頼

一人の卒業生が自殺したことがあります。その人は卒業してから一年半ほど役所に勤め、同僚と結婚したのですが、夫となった人に裏切られて、死んだのでした。その卒業生が結婚後、私に書いてくれた手紙の中に、こんな言葉がありました。

「恋愛の幸せに有頂天《うちょうてん》になっている時、私はこんなに愛されて、こんなに幸せで、この人ほど私を愛してくれている人はいないと思っていました。この人さえいてくれればそれで充分だと思っていました。……」

この卒業生の冥福《めいふく》を祈り、これから結婚する学生たちに、私は、愛においても成長していかなければいけないことを伝えたいと思っています。

〝その人なしでも生きていける自分〟を忘れないこと。どれほど相手を愛し、信じていても、人間は必ず不完全なのだから、相手を一〇〇パーセント信じてはいけないこと。二パーセント（何パーセントでもいいのですが）を〝許す〟ためにとっておいて九八パーセントの信頼にしておくこと。一〇〇パーセント信じていたら、相手を許す余地がなくなってしまうのですから。

「不信感を持つのですか」といぶかる学生たちも、「許すための二パーセントなのよ」と話すと納得してくれます。

たとえ夫婦であっても、恋人同士であっても、〝その人なしでも生きていける自分〟を持っていることが大事です。お互いの間にどれだけの愛情や信頼があっても、愛する相手を絶えず自分の手の届くところにおいておくことは不可能なのですから。

人間一人ひとりは別の人格ですし、相手は自分の所有物ではありません。

成熟した愛とは、縛《しば》る愛から、解放する愛へと成長することです。相手を信じること、それが愛を持続させるためには必要です。

時には、歯を食いしばって、相手の人を愛していかなければならない、課題としての愛もあることでしょう。それは大きな痛みを伴う愛かもしれません。

親子の場合も同じです。

子どもをあるがままに受け入れ、愛すると同時に、子どもに独自の世界を許し、自分とは別の人格であるがゆえに生じる距離を、信頼で埋めていくのが親の成熟した愛なのです。子どもの成長と共に、親の愛も成長していかなければなりません。

# 相手との距離を信頼で埋めていく

子どもをあるがままに受け入れ、
愛すると同時に、子どもの独自の世界を大切にする。

許す愛

# ダブルの損

主体性を持って生きるためには、次の二つのことが大事です。一つは自分を愛して生きるということ、そしてもう一つは、自分と異なる他人を受け入れ、許しながら生きていくことです。愛することの大切さとともに、許すことの大切さを学ぶことで、私たちは自由になれます。

私たちが日常生活の中で人を許すということは、易《やさ》しそうで難しいことだと思うのです。自分にとってそれほど関係のない人を許すことは、さほど難しいことではありません。しかしながら、自分に近い人、まさか自分を裏切ることはあるまいと信じていた人が裏切った時、または、自分が非常に可愛がっていた人、心を許していた人が裏切った時に、それを許すことはとても難しいのです。自分に近い人ほど許すことが難しくなります。

しかし、そのことにこだわっていては、自由になれません。許さない間は、相手の支配下にいると言ってよいでしょう。

許しがたい人を許し、愛しがたい人を愛することは、自分が自分と闘うということであり、英雄的な勇気を必要とします。そのために、本当に悔《くや》しい思いをすることがあるかもしれません。自分が損をすることを受け入れないといけないこともあるでしょう。

あいさつをすべき人がしない。それだけでも腹が立つのに、その無礼を許すだけでなく、次の機会に、こちらから「おはよう」と言うとすれば、それはダブルの損です。でも、人間、ダブルの損をしなければ心の平和は得られません。マイナスとマイナスはプラスになるのです。

相手からの意地悪、無礼、攻撃、そういうものに対して、仕返しをしたいと思うものです。

でもその時に、私も許されて生きていることがたくさんあるのではないか、と落ち着いて考えてみることです。そして、自分もまた許されなければならない人間なんだと気づく時、相手を許しやすくなります。

そして、もう一つ忘れてはいけないことは、自分が相手に振りまわされない、相手のレベルまで自分を下げないプライドと主体性を守り抜くことです。仕返しをするということは、相手のレベルに自分を下げることであり、それは、自分をいっそう惨めにすることになります。

人生は自分との闘いです。人を愛し、人を許して生きるということは、とても難しい時があります。しかしながら人を許すこと、損をすることは決して損ではないということ、より良い自分のいのちの時間を生きるためには、とても大事なことだということを、いつも忘れずに生きていけたらと思うのです。

# 愛することと許すことを学ぶことで、私たちは自由になれる

自分に近い人ほど許すのは難しい。
でも、そのことにこだわっていると自由になれない。

# 愛がなければ……

「たとえ、預言する賜物《たまもの》を持ち、あらゆる神秘とあらゆる知識に通じていようとも、たとえ、山を動かすほどの完全な信仰を持っていようとも、愛がなければ無に等しい。全財産を貧しい人々のために使い尽くそうとも、誇ろうとしてわが身を死に引き渡そうとも、愛がなければ、わたしには何の益もない」

聖書の中の一節です。

私は修道院に入ってすぐに、アメリカの修練院に派遣され、修道者になるために修練中の百三十名ほどの人たちと一緒に生活をしました。朝五時から夜八時までの間、朝夕の祈り、黙想、ミサ、講話の他は、ほとんどの時間が草取り、洗濯、洗濯物を干すこと、アイロンがけ、料理の下ごしらえ、後片付け、掃除という毎日の繰り返しです。

八月の暑い昼下がりのことでした。たまたまその日は私が夕食の配膳をするために、台所から運ばれてきたお皿やコップ、フォーク、ナイフ、スプーンを、テーブルの上に並べていました。その時、「シスター、あなたは何を考えながらお皿を並べていますか」と修練長から尋ねられたのです。私はとっさに「何も考えておりません」と返事をしたところ、厳しい声音《こわね》で「あなたは時間を無駄にしています」と言われてしまいました。

私は一瞬耳を疑いました。言われた仕事を言われたように、おしゃべりもせずに人よりも手早く仕事をしているのに、なぜ私が時間を無駄にしていると言われるのか……。

すると修練長は今度は笑顔で、「同じお皿を並べるのだったら、やがて夕食にお座りになるお一人お一人のために、祈りながらお皿を置いていったらどうですか」とおっしゃったのです。

何も考えていなくても、「つまらない」と思いながらでも、お皿は並びます。ところが、「お幸せに」という気持ちで祈りをこめてお皿を並べれば、その時間は意味のある時間になるのです。

草取りにしても、私たち修練女たちは表面の草だけをむしっていました。その時、「あなた方は草を取っていません。草というものは、根っこから根こそぎ取らないと、またすぐに生えてきます。なぜあなた方はこの草一本を根こそぎ取る時に、今蔓延《まんえん》している少年少女たちの非行が、ひとつ根こそぎ抜かれますように、そういう祈りをこめてしないのですか」と言われたのでした。

冒頭の聖書の言葉によれば、「愛がなければ」どんなに人の目にすばらしいと映ることも意味がないのです。それはつまり、「愛があれば」どんな些細《ささい》なこと――お皿並べも草取り――も、すばらしい業《わざ》になるということです。

この世に雑用という用はなく、私たちが用を雑にした時に生まれるのです。日常の平凡な時間を、非凡な時間に変えて、生き生きと生きてゆきましょう。

時間の使い方は、そのまま、命の使い方になります。つまらない時間はつまらない人生を形作り、愛のこもった時間は、愛深い人生を作ってゆくのです。「何も考えずに」ロボットでもできる仕事をしていては、私の時間が勿体ないのです。同じ時間を使って同じことをするのなら、意味のある時間にしたいものです。

もちろん、私が「お幸せに」と祈ってお皿を置いたから、お座りになった方が幸せになったかどうか、「非行が減りますように」と祈って草を抜いたから、非行が減ったかどうか、それはわかりません。でもひとつ確かなことは、私自身が幸せになったということでした。なぜなら、無意味だと思えた仕事が意味のある仕事になり、私しか与えることができない愛を、その時間にこめることができたからです。

一人の卒業生の夫が倒れ、今リハビリ中です。この卒業生がこう言ってくれました。

「私には何もできません。でも洗濯物を干す時、スナップの一つひとつをパチンパチンとかけながら、夫が少しでも快くなるよう祈ることはできるのです」

私たちの身近に愛を育てる機会は、気づきさえすれば、いくらでもあるのですね。

# 平凡な日々の中に、愛を育てる機会はいくらでもある

つまらない時間はつまらない人生を形作り、
愛のこもった時間は、愛深い人生を作ってゆく。

人間の強さ

# 愛されるよりも愛することを

今から八百年ほど前、イタリアのアッシジというところで修道院を開いた聖フランシスコの「平和の祈り」には、次のように書かれています。

主よ
私をあなたの平和の道具にしてください
憎しみのあるところに、愛をもたらす人に
争いのあるところに、許しを
分裂のあるところに、一致を
疑いのあるところに、信仰を
誤りのあるところに、真理を
絶望のあるところに、希望を

悲しみのあるところに、喜びを
闇《やみ》あるところに、光をもたらす人に私をしてください
慰《なぐさ》められるよりも、慰めることを
理解されることよりも、理解することを
愛されるよりも、愛することを求める私にしてください
私たちは人に与えることによって、与えられ
許す時に許され、自分を捨てる時に、
永遠に生きることができるのですから

愛されたい、慰められたい、理解されたいという欲求を私たちは人間の性《さが》として持っています。しかし、そういう自己中心性と闘って、相手を慰めること、理解しがたい人を理解しようと努力すること、相手の人を愛し、ほほえみかけることが、平和を〝生み出す〟ために求められています。

「愛は溢れゆく」という言葉があります。もし私たちがみんな、人から何かをもらうことばかり考えていたら、溢れゆくものはありません。

愛されたい、理解されたい、慰めてもらいたいという自己中心的な心に打ち勝って、自分がまず与える人になる、理解する人になる、愛する人になる、そのことで、私たちは何かを失うどころか、むしろ豊かに与えられるのです。

私が学長になったばかりの頃、いただいた詩があります。

もし、あなたが誰かに期待したほほえみが得られなかったら
不愉快になる代わりに
あなたのほうからほほえんでごらんなさい
実際、ほほえみを忘れた人ほど
それを必要としている人はいないのだから

この詩は、自分がされて嬉《うれ》しいことを相手にする愛、思いやりを表わしていると同時に、相手の出方に左右されない人間の強さ、主体性をも表わしています。

ねむの木学園の宮城まり子さんの言葉――「やさしくね、やさしくね、やさしいことは強いのよ」、本当にそうです。

# 与えることで、私たちはむしろ豊かに与えられる

期待したほほえみが相手から得られなかったら、
不愉快になる代わりに、自分のほうからほほえむ。

第2章

# やさしさの中に強さを

# 「ふたりの子供たちへ」

心の優しい、思いやりのある子に育ちますように。
悲しいことに、私はおまえたちが大きくなるまで待っていられない。
こんな小さなおまえたちを残していかねばならぬのかと思うと胸が砕《くだ》けそうだ。
いいかい。心の優しい、思いやりのある子に育ちなさい。
そして、お母さんを大切にしてあげなさい。
父親がいなくても、胸を張って生きなさい。
私も右足切断の手術を受けたけれども、負けなかった。
だからおまえたちも、これからどんな困難に逢《あ》うかもしれないが、
負けないで、耐えぬきなさい。

サン＝テグジュペリが書いている。
大切なものは、いつだって、目には見えない。
人はとかく、目に見えるものだけで判断しようとするけれど、
目に見えているものは、いずれは消えてなくなる。
私に逢いたくなる日がきたら、手を合わせなさい。
そして、心で私を見つめてごらん。
お母さんを守ってあげなさい。
思いやりのある子とは、まわりの人が悲しんでいれば共に悲しみ、
よろこんでいる人がいれば、その人のために一緒によろこべる人のことだ。
思いやりのある子は、まわりの人を幸せにする。
まわりの人を幸せにする人は、
まわりの人々によって、もっともっと幸せにされる、

世界で一番幸せな人だ。
だから、心の優しい、思いやりのある子に育って欲しい。
それが私の祈りだ。
さようなら。
私はもう、いくらもおまえたちの傍《そば》にいてやれない。
おまえたちが倒れても、手を貸してやることもできない。
だから、倒れても倒れても
自分の力で起きあがりなさい。
さようなら。
おまえたちがいつまでも、いつまでも幸せでありますように。

雪の降る夜に　父より

（井村和清著『飛鳥へ、そしてまだ見ぬ子へ』祥伝社）

立ち上がる

# 思いやりのある子に

これは、ガンのために、三十一歳で亡くなった一人の父親が、まだ幼い二人の子どもたちに残した遺書から抜粋したものです。

〝お母さんを大切にしなさい。そして思いやりのある優しい子になりなさい。幸せになるためには、それが大事なんだ。目に見えるものはいずれ消えてなくなる。自分は確かに焼場でお骨と灰になってしまうかもしれないけれども、生きている間に手術した時にも見つからず、レントゲンにも写らなかったおまえたちへの愛、お母さんへの愛は、目に見えなかったが故に、あの焼場では焼けないのだよ。だから、私に逢いたくなる日があったら、手を合わせなさい、私はおまえたちを見守っている〟とおっしゃっているのでしょう。

また、「おまえたちが倒れても、手を貸してやることもできない。だから、倒れても倒れても　自分の力で起きあがりなさい」ということは、本当に大切なことだと思います。

今、学校も、家庭も、子どもたちを倒れさせまい、倒れさせまい、としています。怪我《けが》をさせまい、挫折《ざせつ》を味わわせまい、失敗をさせまいとしています。しかも、それが子どもへの愛だと思い違いをしています。

しかし、私たちは不完全な人間ですから、判断を誤ったり、失敗することを避けて通るわけにはいきません。

本当に大切なのは、間違った時にどのように立ち上がるのか、どのように責任を取ればいいのか、そういうことを愛情をこめて教えることだと思うのです。

倒れることは大事なことなのです。倒れて立ち上がった時の喜びは、倒れなかったら味わうことができません。倒れて初めて、自力で立ち上がった時の喜びがわかる、と同時に、倒れて初めて、倒れた人の痛みがわかるのです。弱い人間にとって、倒れることは恥ではありません。倒れても立ち上がる努力をしないことが、恥ずかしいことなのです。

トンネルをくぐったことのある人だけが、長くて暗いトンネルを通っている間に味わう不安と、トンネルをくぐり抜けた時の明るさを知っているように、倒れて初めて、倒れた時の痛さと、駆《か》け寄ってきてくれる人の心の温かさと、自力で立ち上がった時の喜びを知ることができ、その人の人生はそれだけ豊かになるのです。

もちろん、取り返しのつかない挫折を味わわせてはならないと思いますが、あまりにも「乳母日傘《おんばひがさ》」で手をかけてばかりいると、それは子どもの自立を妨げ、ひ弱な人間にしてしまい、また、倒れたことがないために、人の痛みがわからない人間になってしまうことがあります。

第2章冒頭の父親の手紙にあるように、思いやりのある子、人の痛みのわかる子は、他人からも親切にされて、幸せな人になれます。

時には損をすることもあるかもしれませんが、損を恐れていては、真に幸せになることはできません。

「他人の痛みがわかる心の優しい子どもに育ちますように。しかもその優しさの中にしっかりとした自分を持ち、相手に求めるよりも与える喜びを知り、相手の出方に左右され、引きずられない強い心の子どもに育ちますように」

これは、すべての親の願いであり、祈りでもあると思います。

そして、そういう子どもが育つためには、まず親が心のやさしい人、求めるよりも与える人、信念のある人になる努力をすることが必要なのです。

なぜなら、誰も、自分が持っていないものを、他人に与えることはできないのですから。

# 立ち上がった時の喜びは、倒れなければわからない

倒れて初めて、自力で立ち上がった時の喜びと
倒れた人の痛みがわかる。

規範

# 甘やかすことと、やさしくすること

以前は家庭に、人間として、してよいことと悪いこと、つまり人間としての内部規範を教える教育の場、しつけの場としての機能がありました。ところが今や親自身にそのような内部規範が育っていないために、家庭でそういう教育が行われなくなりつつあります。

また、〝物分かりのいい大人〟であろうとして、子どもたちの前に立ちはだかる〝壁〟としての大人の姿が少なくなってしまいました。そんな中で、子どもはどんどん甘やかされ、我慢ができない、すぐにキレてしまう子どもが増えているように思います。

子どもを甘やかすことと、子どもにやさしくすることとは違います。

それは、自分を甘やかすのと自分にやさしくするのとはどう違うのか、ということと同じように、その境い目は非常にデリケートなものでもあります。

自分を甘やかすというのは、「どうせ自分はこのくらいしかできない人間なのだから、そう無理はしないでおこう」と考えることです。

確かに、そこには、ある意味での自分へのやさしさがあり、自分にやさしくすることと似ているように見えます。しかし、そのやさしさは、どこかで自分を見限っているような、「どうせ自分はこのくらい」という、自分に対する尊敬の欠如があるような気がするのです。

たとえば、朝気分が悪い時、自分にやさしく自分をいたわって寝ていた方がいいか、それとも、少しぐらい我慢して起きた方がいいのか、迷うでしょう。これが甘えなのかどうかを決めるボーダーラインは、おそらく、自分が自分に対して誠実であるかどうか、自分というものをどれだけ知っているか、そして自分を向上させていく不断の努力をしているか、そういうことと無関係ではないと思うのです。

親自身が、自分を甘やかすことなく、自分にやさしくすることの真の意味を、まず知ることが大事なのではないでしょうか。

そして子どもに対する時も、子どもに向き合って、ある年齢に達している時は、子どもが自分で決められるように力を貸してやることも大事だと思うのです。

子どもを叱《しか》る時も、怒らないように気をつけましょう。叱ると怒るは違います。

感情的に怒るのではなく、冷静な心を保って、その誤りを正してやりましょう。悪いことをしたら、叱ってやらなければいけないのです。子どもへのふだんからの信頼と愛情があれば、子どもは、叱責《しっせき》をも親の自分に対する愛情の表われとして受け止める力を持っています。

私が岡山の大学に赴任して、初めて教壇に立ったのは三十五歳の時でした。教える自信もあまりなく、ちょっとした学生の態度も気になった時期の頃、教室の最後部でおしゃべりをしている二人の学生に、「話をするのなら教室から出なさい」と怒って言ったことがありました。その後、感情が高ぶり、体が震えて、しばらく授業ができませんでした。私は反省して、「これからは一呼吸おいて、自分が冷静になってから注意しよう」と決心したものです。

このようにしてからは、学生が、「シスター、叱ってくださってありがとうございました」と、後で言いに来るようになりました。

間違ったことは叱っても、間違いをした子ども自身に対しては、温かい心で包みこむことが大切なのです。それこそが、本当のやさしさだと私は思います。

河野《こうの》進《すすむ》先生の詩に、次のようなものがあります。

「目と手」

こどもを
右の目で　しかるとき
左の目に　ほほえみを
右の手で　せっかんするとき
左の手で　だきよせよ

（『母の詩』柏樹社）

# 「どうせ自分は……」と自分自身を見限らない

親自身が、自分を甘やかすことなく、
自分にやさしくすることの真の意味を知る。

自制心を働かす

# 「知性」のある人に

楠本憲吉《くすもとけんきち》という俳人がおっしゃったことですが、「女の人は一にも、二にも、三にも美しくあってほしい。美しくあるために必要なものは三つ、知性と雅性《がせい》と安定性だ」。

「知性」の持ち主とは、知識を豊富に持つ人、学歴の高い人のことではありません。よく考えて判断し、行動できる人、教養がある人と言ってもいいでしょう。冷静に物事を判断し、しかる後に行動に移せる一人格の姿です。

このような大人の姿を見て、子どもたちも反射的ではなく、まず考えて、判断して、その後で行動する、そういう子どもに育っていくのだと思います。

そのためには、まずセルフ・コントロール、自制心を養うことが大事です。

以前、ＮＨＫで、アメリカの少年刑務所に入っている十五歳の少年を追ったスペシャル番組が放映されました。

その少年は、生まれた家が崩壊家庭で、友だちもワルばかり、教師や大人たちの中に、自分の良いモデルとなる人を見つけることができないまま悪の道に走り、少年刑務所に入れられました。ところがこの少年は、なんとかしてまともな人間になりたいという気持ちを抱いていたのです。

そんなある日、施設に働きに行った時に、ホームレスのおじさんが彼に話しかけました。おそらく、ふだんからその少年を見ていて、心にかけていたのでしょう。少年に向かって、「おまえは今まで、思うままにならないことや人とぶつかった時に、すぐに行動して、それから感じて、それから考える、そういう順序をとったのかい？　それとも、その反対で生きてきたのかい？」と尋ねたのだそうです。

少年が「おじさん、僕は最初のほうだと思う。すぐに行動、それから感じて、それから考えた」と答えると、ホームレスのおじさんは言ったそうです。

「だからおまえはここにいるんだ。これからは、その反対の順序でやってごらん。まず考える、次に感じる、それから行動する」と。

それからその少年は、物事にぶつかった時に、すぐに手を出すのではなく、口を出すのではなく心を落ち着かせて考え、次に、その行動をとったり、その言葉を言ったら自分はどういう気持ちになるか、相手はどんな気持ちになるかを感じて、後に行動するようになったそうです。そしてその結果として、少年はまともな大人になることができたという内容でした。

日々の行動に自制心を働かすことができること、これは「知性」の大事な一要素であり、他の動物が持っていない思考力と自由意志を与えられている人間の人間らしさと言ってよいでしょう。

# まず考える、次に感じる、それから行動する

日々の行動に自制心を働かせる。それは、思考力と自由意志を与えられた人間だからこそできること。

選ぶ

# 意志の力と自由

したいことがある、でもしなければならないこともある、その時にしたいことを後回しにして、まずしなければならないことをする、それは意志の力です。したいことがあっても、してはいけないとわかったらそれをしないでおく、これも意志の力です。

何かをしたい、したくないという気持ちは誰でも持っています。しかし、私たちの生きていく社会の中には、したくなくてもしなければならないこと、したくても、してはいけないことがあるのです。

私たちは、自由とは何でも好き勝手にすることだと思い違いをしがちですが、自分が今何をするか、あるいは今はしないでおこうといった〝プライオリティ＝優先順位〟を自分で決める自由が、人間独特の自由なのです。

たとえば、もっとテレビを見ていたいと思っても、レポートを書かなければならない場合は、テレビを消してレポートを書くというように、自分の判断、意志の力で、それを選ぶことができるし、それを選べる人が「自由人」なのです。

東京に自由学園という学校があります。今から八十余年前に、羽仁《はに》もと子、吉一《よしかず》夫妻が創立した学園で、自労自治を旨《むね》とし、「思想しつつ、生活しつつ、祈りつつ」をモットーにしたキリスト教主義のユニークな教育を行っています。

私が感心した羽仁もと子さんの「自由」についての言葉があります。「あなたがたには、脱いだはき物を揃《そろ》える自由があります」というのです。それは、「揃えない自由もある」ということなのです。

どちらがより良い生き方なのか、脱ぎっ放しにするほうか、揃えるほうか、そのより良いほうを考えて、選ぶということなのです。日々の生活の中での小さな自由の行使が、実は大切なのです。

「自分らしさ」を作るのは、このような小さな自由の行使の積み重ねなのです。

# 小さな自由の積み重ねが、「自分らしさ」を作る

自分が今何をするか、
決める自由が人には与えられている。

厳しさ

# 自由と責任

ドイツ人の母親の話です。その人には小学生の子どもがいました。子どもが時計の使い方を習った時、二人で目覚まし時計を買いに行き、その夜から、自分で目覚まし時計をかけて起きるように、子どもと約束をしました。

朝、台所に立っていると、目覚ましが鳴っていない日があります。でも母親は起こしには行きません。目覚ましをかけ忘れたのは本人の責任ですから、責任ということを学ばせるために、起こしに行かないのです。

またある朝は、目覚ましが鳴って止まったのに、子どもが起きてきません。母親は起こしに行きません。私たちも、時には目覚ましを止めてからあと五分、十分と寝て、寝すごすことがあります。そのために学校に遅れることになっても、ご飯を食べないで行くことになっても、選んだことに対しては、選んだ自分が責任を取らなければならないのです。目覚ましで起きるのも自由、止めて寝るのも自由だからなのです。行使した自由に対しての責任は自分にあって、他の誰も責めることは許されません。

ドイツ人の母親の取った行動は、一見冷たく見えますが、この母親は、起こしてやりたいという思いを味わいながら心を鬼にして、その子に自由の〝厳しさ〟を教えたい、自由の行使には責任が伴うというルールを教えたかったのでした。

学校に遅れないように、毎朝起こしてやることも親の愛の一つの表われかもしれませんが、母親に起こしてもらわなくても、自分で計画して時間を設定し、辛《つら》くても起きる意志を育てたいという思い、それは子どもの中にあるルールを守れる力への信頼に基づき、やがて厳しい社会で生活しなければならない子どもの自立を願う、深い愛なのです。

# 選んだことに対しては、選んだ自分が責任を取る

子どもを起こしてやりたいという思いを持ちながらも、自由の〝厳しさ〟を教えるために、起こさないのが親の深い愛。

温もり

# 共に生きる心

二十一世紀は、「便利・安楽」というような言葉がキーワードになる時代だと思います。今の私たちの生活は、一昔前に比べて随分便利になりました。しかもこれから、もっともっと便利に、安楽に、スピード化されることでしょう。このような文明の発達を享受《きょうじゅ》している蔭《かげ》で、私たちは、共に生きる心、人を思いやる心、手を差しのべる心を失っていないでしょうか。

一つの例として、自動ドアがあります。前に立つだけでドアが開き、通った後、自動的に閉まってくれます。両手に荷物を提《さ》げている時などとても便利ですし、お年を召した方、車椅子《くるまいす》の方でもそのままお通りになれます。

その便利さは、いつの間にか、私たちから、ドアを開けてさしあげる心、自分が通った後、後ろを振り向いて次の方のためにドアを押さえて待つ心を不要なものにしてしまいました。

「文明は、人が一人で生きていくことを可能にする」と言った人がいます。確かに、二十四時間営業のコンビニがどこにでもあり、加工食品と電子レンジを使えば、単身赴任で生活するのにも困らなくなりました。

しかしその一方で、淋《さび》しい思いをしている人も生まれています。今日は朝から晩まで誰とも話をしなかった。朝ご飯にコンビニで買ってきたおにぎりを食べ、自動改札を通って会社に行き、コンピュータに向かって一日仕事をして、人と言葉を交わすことなく家に帰り、電気をつけ、テレビをつけて、また一人で夕食に買ってきたお弁当を食べる……。

これは極端な例かもしれませんが、あり得ないことでもないのです。人間同士の温《ぬく》もりのある関《かか》わりが不要とされ、稀薄《きはく》になっている社会はまた、味気ない、淋しい社会でもあります。

絶えずメールをチェックしなければ不安になり、一日中携帯電話にのめりこんでいる学生たちを見ていると、誰かと絶えず〝つながっていたい〟という思いを感じさせられます。

一見賑《にぎ》やかで華やかな学生たちですが、その心は必ずしも満たされていません。幼い時から条件付きで愛され、他者と絶えず比較されて価値をつけられてきている学生たちは、無条件に、ありのままの自分を受け入れてくれる人、温もりのある関わりを強く求めています。

「出会い系サイト」のような危険に、驚くほど安易に近づく女の子たちの姿をただ非難するだけでなく、その子どもたちが、そのようなもので満たそうとする空虚な心を満たすことができる、貧しくてもいい、温もりと会話があり、共に生きる温かい家庭が求められていることに気づくべきでしょう。

# 一人でも生きていける社会だからこそ、温もりのある関わりを

いくら文明が発達しても、共に生きる心、人を思いやる心、手を差しのべる心を失いたくない。

いたわり合う

# 家庭の平和

ある家庭での朝のことです。子どもがランドセルを背負って出て行こうとした時、居間の床に置いてあった灰皿を蹴飛《けと》ばしてしまいました。あたりは灰だらけ。

その子は「こんなところに置いとくから悪いんだ」とドアを音高く閉めて出て行きます。父親は食事をしながら、「気をつけろ！」。母親は台所から父親に向かって、「あなたが昨夜、灰皿を床に置いたままにしておくから悪いのよ」。三人が三人とも、相手を非難して、機嫌の悪い朝を迎えています。

同じことが別の家庭で起きました。

子どもは「あ、ごめんなさい。僕今急いでいるから、後片付けよろしくお願いします」と出て行く。父親は食事をしながら、「あ、ごめん！　僕が昨日置いたままにしていたから……」。母親は台所から「あら、ごめんなさい。私が片付けるのを忘れていたから……」。三人が三人とも詫《わ》びています。そこには和《なご》やかさがあります。

こんな家庭が実際にあるかどうかわかりませんが、このようにお互いに詫び合うことのできる家庭になればどんなにいいでしょう。

私たちは往々にして、「私は悪いんじゃない」「誰々さんが悪い」「うちの子どもが悪いんじゃない」「友だちが悪い」「学校が悪い」……と全部、人のせいにしてしまいがちです。誰もが自分勝手で、自分中心に生きている証拠です。忙しさは、共に生きる心、人に手を差しのべる心のゆとりを失わせる危険を持っています。そしてまた、便利になったが故に、つい受け身で生きている私たちは、幸せというものを自分で作っていこうとする意欲を失いつつあるのかもしれません。

マザー・テレサも言っています。「世界の平和はまず家庭の平和から始まります。親と子の間に、夫と妻の間に、いたわり合いの言葉があるかどうか、お互いにほほえみ合う時間と心のゆとりがあるかどうか振り返ってみてください。今の人たちはあまりにも忙しすぎます」。

# お互いにいたわり合い、ほほえみ合える家庭に

世界の平和はまず家庭の平和から。
忙しいからこそ、お互いを思いやる心のゆとりを。

美しくなる

# 面倒だからしよう

大人とは、苦労や我慢を避け、楽な道を選びそうになる自分に、自分でブレーキがかけられる人のことです。「面倒だからよそう」と考えるのではなく、面倒だと思うことを自分からすすんですることができる人のことです。

私はいつも女子学生たちにこんなふうに話しかけます。

「きれいになるためには、外からお化粧することによってなれるかもしれない。お金をかけて整形手術を受けたり、エステに通ってなれるかもしれない。でも、きれいということと美しいということは違うのですよ。あなた方が本当に美しくなりたいのなら、面倒だと思うことをしてごらんなさい。たとえば人様にお辞儀をする時、ポケットから手を出しなさい。または、巻いているマフラーを取って、ごあいさつしなさい。椅子から立つ時は、椅子を元あったように戻しなさい。洗面所で髪の毛を落としたら、きれいに拾ってから外へ出なさい。靴を脱いだら、揃えて上がりなさい」

学生たちは面倒くさそうな顔をします。でも誰かが教えなければいけないことだと思うのです。きれいになる方法は、いろいろなところでたくさんのお金を取って教えてくれます。でも、美しくなることを教える人が少なくなりました。

また、以前なら当然言っていたような言葉、たとえば「夜分に申しわけありませんが」「お話し中すみませんが」「お疲れのところを」「おかげさまで」といった〝枕詞《まくらことば》〟が、人々の会話から失われつつあります。あってもなくても同じかもしれませんが、便利な世の中は私たちからそういう潤滑油《じゅんかつゆ》的な言葉を奪ってしまっています。

人間らしさとは、やさしい心、美しい言葉、振る舞い、笑顔、思いやりにあるのではないでしょうか。そして、それこそがお金では買えない心の豊かさを作っていくのだと思います。

顔の造作は親の責任。

顔の表情は本人の責任。

造作は、化粧や整形である程度直すことができるかもしれません。しかし、雨にあっても落ちない化粧、素顔の美しさは、私たちが日常生活の中で、どれだけ面倒なことも厭《いと》わずに、自分自身との小さな闘いをするかにかかっています。

「雅性」とは、決して上品ぶることではなくて、面倒なことを喜んでする美しい心根が作り出すものと言ってよいでしょう。

# 美しい言葉と振る舞いが、心の豊かさを作る

日常生活の中で、面倒なことも厭わずに、
自分自身との小さな闘いをする。そこから美しさが生まれる。

比べない

# 他人に左右されない「安定性」

美しさのもう一つの要素は「安定性」で、それは心が安定していて、平和な心を持っている状態を指します。

今の女子学生たちの多くは、自分に自信を持てずに、偏差値を自分の価値だと思っています。自信がないが故に、他人と違うことをするのをとても怖がります。変わった洋服、髪型等をして、「これが私の個性です」と言いながら、他人に負けじとブランド品を身につけ、髪の毛を染め、流行の靴を履《は》き、携帯を握って歩いています。結局、真の個性はなかなか育っていません。

私たちが他人の目を気にしすぎる時、心の平和を保つことはできないのです。

他人の言葉や評価に左右されない自分を保つこと、それは「安定性」の確立のために非常に大切なことです。

この「安定性」を育てるためには、他人との比較において価値づけられるのでなく、その人がその人としてありのままの自分で愛されていることが必要です。

私自身は、割によくできる姉と二人の兄の後に生まれたものですから、母からいつも「お姉さまはああなのに、お兄さまはこうなのに……」と比べられていました。私は、「私はお姉さまでもお兄さまでもないのに……」と思ったものです。そしてそれは、いつの間にか私の中に劣等感を育てていました。

でもそんな私も、無条件に、ありのままの私を愛してくださった一人の方との出会いのおかげで、他人と違った自分でいいのだという「安定性」を身につけることができたのです。

他の人がみんな輝いて見える時でも、そうはなれない自分を嫌わず、いじめないで、私は私らしく咲いていればいいんだと思うこと、他人と比べないことが「安定性」を育《はぐく》むためにとても大事なことなのです。

バラのように、花屋の店先で高い値段で売られることを羨《うらや》ましがる必要はありません。

確かにタンポポはバラになれませんが、バラもタンポポにはなれないのだという真理をしっかりと心に留《と》めておきましょう。これが「醒《さ》めた目と温かい心」を持って生きるということなのです。

人間にとって大切なのは、自分しか咲かせることのできない花を、置かれたところで咲かせることだと思います。

人見るもよし
人見ざるもよし
われは咲くなり

私の好きな言葉の一つです。

# 他人の言葉に左右されない自分でいること

自分を嫌わず、いじめない。
他人の目を気にしすぎると、心の平和が保てない。

個性

# ナンバーワンよりオンリーワン

「ナンバーワンよりオンリーワン」というフレーズが、入学式や卒業式の式辞で使われるようになりました。

学業はもちろんのこと、運動競技でも文化活動でも、とにかく一番になることを目指し、金メダルが大きなニュースになることは昔も今も変わりません。

そうかと思えば、同じ願望の裏返しのように、等級をつけないこと、たとえば運動会のかけっこで、皆がゴールの前で遅い子どもを待って、一緒にテープを切る幼稚園、体の弱い生徒を〝差別〟しないために、皆勤賞や精励《せいれい》賞をなくした小学校もあります。

かけっこで一番になる子、頑張って無遅刻・無欠席を貫《つらぬ》いた努力を認めることも大事だと思い、このような悪平等に違和感を抱いていた私は、「ナンバーワンよりオンリーワン」という言葉に、わが意を得たり、という思いがありました。

しかし、ある新聞のコラムが、オンリーワンとは、「他人の視線で認知され、承認されて初めて『個』が価値を帯びる」と論評しているのを目にしました。

学生たちを見ていますと、確かに人の目を引く花のように「目立ちたがる」風潮があり、その一方で他と同じでないと安心できない人たちもいて、いずれもが「他人の視線」を気にしています。個性があるようでいて、真の個性を持つところまで成熟していないのです。

オンリーワンというのは、目立とうと目立つまいと、役に立とうと立つまいと、その人の存在そのものに価値があるということなのです。

一人ひとりは、「他人の視線」ではなく「神の眼差《まなざ》し」においてすでに〝かけがえのない一人〟として愛され、尊いものとされているということを、私たちは子どもたちに伝えていかなければならないと思っています。それは、私たちが、一人ひとりの子どもに、「僕は僕として、私は私として愛された」という思いを抱かせる関わり方をすることによってのみ可能なのです。神の愛は人のやさしさを通して伝わるのですから。

# あなたは〝かけがえのない一人〟として愛されている

他人の視線を気にしなくていい。
一人ひとり、その存在そのものに価値があるのだから。

神の眼差し

# 「みんなちがって、みんないい」

私は幼い時から「一番になりなさい」と言われて育ってきました。勝気な母にしてみれば、私と同じ年に生まれた姉の娘と絶えず私を比較して「負けてはいけない」という、競争意識があったのでしょう。幸い、私が早生まれで、姪《めい》が遅生まれだったので、同じ学校ではありましたが、同学年ではありませんでした。

自分もまた負けず嫌いだったので、私は、結構、母の期待に添った学業成績を修めましたが、そのことに疲れ、そうするための努力が空《むな》しく思えた時、一人の宣教師から、「あなたは、あなたのままでいい、すてきだ」と言われたのが心にしみました。

その人が言いたかったのは、私たちはありのままで、神の眼差しには、たった一人のオンリーワンとして映っていること、かけがえのない一人として愛されているということだったのでしょう。そのことを教えられ、そのように扱われて、私の心には平安が得られるようになったのです。

学生たちも、偏差値教育の中で育ってきていて、自分の価値を他人との比較において査定しているようです。だから、人気歌手グループの『世界に一つだけの花』という歌が大好きなのでしょう。

学生たちに、オンリーワンの話をした後、一人の学生のメモに、「自分はボーイフレンドにとってのオンリーワンでありたい」と書かれていました。正直な告白です。

私の返事。「それもとてもすばらしいことだけれど、もし、相手があなた以外の人に心を移しても、それでもあなたを見捨てない神さまのオンリーワンだということを忘れないでいてください」。

「私と小鳥と鈴と」

私が両手をひろげても、

お空はちつとも飛べないが、
飛べる小鳥は私のやうに、
地面《じべた》を速くは走れない。

私がからだをゆすつても、
きれいな音は出ないけど、
あの鳴る鈴は私のやうに、
たくさんな唄は知らないよ。

鈴と、小鳥と、それから私、
みんなちがつて、みんないい。
（新装版　金子みすゞ全集・Ⅲ『さみしい王女』ＪＵＬＡ出版局）

親にとって、子どもがどのようであっても、オンリーワンの子どもでありますように、と祈ります。

# 「あなたは、あなたのままでいい、すてきだ」

私たちはありのままで、神の眼差しには
たった一人のオンリーワンとして映っている。

自分に勝つ

# 自分を誉めてあげたい

バルセロナオリンピックで銀メダル、そして四年後のアトランタオリンピックで銅メダルを獲得した女子マラソンの有森裕子《ありもりゆうこ》さん。有森さんは、アトランタで二つ目のメダルを獲得した時に、「自分を誉《ほ》めてあげたい」とおっしゃいました。

皆さんはこんな気持ちになったことがありますか？

そしてまた、「自分を誉めてあげたい」という気持ちを持てるような子どもに育てていらっしゃいますか？

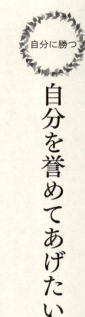

私はこの言葉はとてもいい言葉だと思います。この言葉は、自分自身と平和に暮らしてこそ、初めて言うことができると思うのです。

なぜ一番にならなかったのか、なぜ負けたのか、悔《くや》しいと思って自分を叱り、蔑《さげす》んでいたら、こんな言葉は出てきません。一生懸命に全力を振り絞って頑張った、これ以上のことはできなかった、そんな自分にだけ言える言葉です。他人との競争に勝つ以上に、自分自身との闘いに勝つことができた人だけが言える言葉だと思うのです。

頑張った自分をねぎらい、「よくやった」と自分をいたわっている、そんな言葉が言えたらどんなにいいでしょう。

親自身が、「これ以上、私にはできなかった、他の誰も誉めてくださらなくてもいい、他の人がどうしてあんな結果しか出せなかったのかと言っても、自分は全力を尽くしたことに満足している」と言えるような、そういう自分であることが大事だと思います。

そうして初めて、子どもの成績に対しても、その結果だけ見るのではなく、努力のプロセスを見てやることができ、そのような親の姿勢は、子どもにも伝わっていくのです。

# 結果だけではなく、努力のプロセスを見る

「よくやった。全力を尽くしたことに満足している」と自分自身にも子どもにも言えるような親になる。

心のゆとり

# 氷が融けたら春になる

ある小学校の理科の時間のこと、先生が「氷が融《と》けたら何になる？」と聞きました。子どもたちは「氷が融けたら水になる」「水という液体になる」と返事をしたそうです。

ところがその時、ふだんあまり勉強ができないと思われている子どもが最後に手を挙げて、「先生、氷が融けたら春になる」と言ったそうです。

理科の時間ですから、この答えは決して正しいとは言えませんが、私はこの話を聞いて、何かほのぼのとしたものを感じました。

今、学校では、入学試験とか、偏差値とか、そういう目先のことばかりに追われて、「氷が融けたら水になる」と教えても、「氷が融けたら春になる」というような、自然を見つめる目、自然とともに生きる人間の姿というものを、教えていないのではないでしょうか。

一般社会においても、とかく利潤第一で、どれだけ業績を上げたか、いかにして出世するかというようなことばかりに目が向けられ、人々の心が非常にすさんできているような気がするのです。

自然の緩《ゆる》やかな、しかし確実な営《いとな》みに目を向ける余裕もなく、無機質なゲーム、コンピュータの中で生活することが多くなった今、衝動的、本能的に行動する若い人たちが増えています。そして、キレやすくなっているのは、若い人たちだけではなく、私たちもそうだと思うのです。

私自身、もう少し心にゆとりがあれば、もっと穏やかに人と話ができるのに……、人の言ったことにそれほど傷つかなくてもすむのに……、接する学生たち一人ひとりのことがもっとよく見えるのに……と思うことがあります。

イライラして他人の話を最後まで聞かなかったり、邪魔をする人を避けてしまったり、その人たちに厳しく当たったり、ふだんなら何とも思わないような些細《ささい》なことで傷つけられてしまうのは、すべて心にゆとりがないからなのです。

そういう時の私は、忙しさの中で、「りっしん偏に亡びる」という字のごとく、心を失いかけているのでしょう。「亡」という字の下に「心」をもってくると「忘」という字になります。我慢すること、人を許すことを忘れてしまっている、そのことに気をつけなければいけないと最近特に思うのです。

今の日本人は、あまりにも目に見えるもの、数で数えられるものを追い求めすぎてしまって、目には見えないもの、数では数えられないものを忘れてしまっていないでしょうか。本当に大切なものに目を向ける、心のゆとりを失っていないでしょうか。

『星の王子さま』という本の中で王子が言っています。

「おとなというものは、数学がすきです。(中略)おとなの人たちに〈桃色《ももいろ》のレンガでできていて、窓にジェラニュウムの鉢がおいてあって、屋根の上にハトのいる、きれいな家を見たよ……〉といったところで、どうもピンとこないでしょう。おとなたちには〈十万フランの家を見た〉といわなくてはいけないのです。すると、おとなたちは、とんきょうな声をだして、〈なんてりっぱな家だろう〉というのです」(内藤濯訳　岩波書店)

子どもの中にある大切なものに気づく心をこわさないようにしたいものです。自然と向き合うことが、今求められています。

# 心にゆとりがあれば、人の言動に傷つくこともない

忙しい時ほど、人を許すこと、そして本当に大切なものに目を向ける心のゆとりを持とう。

一本のバラ

# 愛は目に見えない

フランスのパイロットでもあったサン＝テグジュペリが書いた『星の王子さま』という有名な本があります。

星の王子は、一つの小さな星に住んでいましたが、ある時思い立っていろいろな惑星を遍歴します。そして最後に地球にやってきて、サハラ砂漠で事故を起こして不時着していた一人のパイロットに出会い、一年後に自分の星に戻っていくまでの王子の経験が記されています。

異星人である星の王子は、地球に来てたくさんのことにおかしいなと思いました。

一つの庭に五千本ものバラが植えられているのを見た時、星の王子は、自分が星に残してきた、とても大切にしていた一本のバラの花を思い出します。

そして、〝地球の人たちは、自分の庭先にたくさんのバラを植えていながら、まだ満足していない。自分は自分の星にたった一本のバラの花しか持っていないけれど、そのバラを愛し、バラに愛されて幸せだった。いくら多くのバラを持っていても、そのこと自体、人を幸せにするのではない〟ということに気づきます。

「地球の上の人たちは、一つの庭に五千本ものバラを植えながら、まだ何がほしいかわからないでいる」

この本は今から六十年以上も前に書かれたものですが、この言葉は、今日の日本にぴったり当てはまるのではないでしょうか。いくらものを持っていても、人間の心はものでは満たされないのです。聖書の中にも、「人はパンだけで生きるのではない」と書かれています。

では、何で生きるのでしょう。

「愛」です。愛は目に見えません。大恋愛の最中にレントゲンにかかっても愛は見えないのです。マザー・テレサを手術した医師もマザーの愛を見ることはできませんでした。でも愛なしに人は生きてゆけません。『星の王子さま』という小さな本が伝えようとした一番大切なメッセージは、「大切なものは目に見えない」ということだったのです。

今、地球の反対側で起きていることはもちろん、宇宙飛行の様子も、ごく微小なものでも、お茶の間のテレビで見ることができます。今の時代の子どもたち、そして私たち大人も、存在するものは全部見えると思ってしまうほど、視聴覚が発達したのが今の時代です。

それは、反対から考えると、「目に見えないものは存在しない」という考え方にもなります。だからこそ私たちは、今、このように考えがちな子どもたちに、目に見えない大切なもの——愛——の存在を、子どもを愛することで伝えてゆかねばなりません。

金子みすゞの詩に次のようなものがあります。

「星とたんぽぽ」

青いお空の底ふかく、
海の小石のそのやうに、

夜がくるまで沈んでる、
晝《ひる》のお星は眼にみえぬ。
見えぬけれどもあるんだよ、
見えぬものでもあるんだよ。

散つてすがれたたんぽぽの、
瓦のすきに、だァまつて、
春のくるまでかくれてる、
つよいその根は眼にみえぬ。
見えぬけれどもあるんだよ、
見えぬものでもあるんだよ。

（新装版　金子みすゞ全集・Ⅱ『空のかあさま』ＪＵＬＡ出版局）

# 目に見えない大切なものを、子どもを愛することで伝えていく

いくら多くのバラを持っていても、
そのことが人を幸せにするのではない。

ごたいせつ

# 人を人として尊ぶ

十六世紀、日本に渡来した宣教師たちがキリスト教を布教する時、キリスト教の〝愛〟を「ごたいせつ」という言葉を使って表現したことが、今日残っている文書、たとえば一六二二年にドミニコ会士がマニラで出版した『ロザリヨ記録』に記されています。

当時の日本の仏教では、〝愛〟という漢字が、愛欲とか執着とか、人間の煩《ぼん》悩《のう》を表わす意味に使われていたために、愛という言葉を使わなかったのだと言われています。

異国の地で迫害にあいながら、殉教《じゅんきょう》する前、国外に追放される前に宣教師たちがどうしても日本人に伝えたかったのは、「神の愛」でした。

当時は、身分、家柄、職業、性別、年齢等で、人間が差別されるのが普通の社会でした。宣教師たちは、そういう諸条件とは一切関わりなく、神のもとではみな同じく、かけがえのない人間なのだということを伝えたかったのでした。

「あなた方一人ひとりは、神の眼差しのもとで、みな平等にごたいせつなのだ。だから、自分を大切にして生きなさい」

私はこのメッセージを、今いじめられたり、死を考えたりしている子どもたちに伝えたいと思います。「たとえどんなにいじめられても、成績が悪くても、行きたい学校に入れなくても、家庭が冷たくても、あなた方一人ひとりは、かけがえのない、この世の中でたった一人の大切な人なのだ」ということを。だから、「自分を粗末にすることなく、大切に生きてください」と。

私は今の教育が取り戻さなければいけないのは、この「ごたいせつの愛」だと思います。

今の日本では、頭がいいから、能力があるから、容姿容貌《ようぼう》が整っているから、学歴が高いから、財産があるから……といった人が大切にされています。自分にとって役に立つ、あるいは会社にとって利潤を上げる人が大切にされています。そしてそういう人たちも、駄目になれば捨てられるような社会、それが今の日本なのです。

今、私たちが取り戻さなければならないのは、〝人が人として尊ばれること〟なのではないでしょうか。

# 自分を粗末にすることなく、大切に生きていく

今、私たちが取り戻さなければならないのは、〝人が人として尊ばれること〟。

命の重さ

# 言葉と本心、その間にある矛盾

カトリックの信者である小説家、曽野綾子《そのあやこ》さんは、『神の汚れた手』の中で、一人の産婦人科医を中心とした人間模様を描いています。

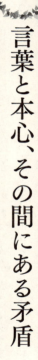

「なんとかして子どもが出来るようにならないでしょうか」結婚して何年にもなる夫婦が言うかと思えば、「もう子どもが二人もいるんです。そしていま三人目ができました。なんとかして堕《お》ろしてもらえないでしょうか」そんな夫婦もいます。そうかと思えば、「どうも宿った子どもが障害を持っているんじゃないかと思う。気がつかないうちにレントゲンを受けていた。先生、どうしたものでしょう」そういう患者もやってきます。また、十代の子どもが妊娠《にんしん》し、オロオロした母親に手を引かれてやって来るエピソードもあります。

そこに一人の県議会議員が登場します。県の高校や施設に行って、「君たちがやがて卒業して出て行く社会は、非常に厳しい社会だ。その中でも、君たちは人間尊重ということを忘れないでほしい。生命に対する畏敬《いけい》の念を失わないでほしい」というようなあいさつをする人です。

ところが彼には知的障害を持った姪が一人いました。彼女は施設に預けられていて、そこで一人の男に騙《だま》されて妊娠してしまいます。気づいた時にはもう中絶できませんでした。その時、彼は医者に「なんとかならないでしょうか」と尋ね、駄目だと聞いて、密《ひそ》かに難産を願うのです。知的障害を持った自分の姪も、生まれてくる子どもも死んでほしい……と。ところが、母子ともに健全で子どもが生まれます。

その後で、曽野さんは次のようなことを書いています。そして私はこれを読んだ時に、本当に自分で反省をいたしました。

「人間尊重というのは、自分にとって都合のいい人間が生きていてほしい時にだけ人が使う体裁《ていさい》のいい言葉だ」

皆さんには思い当たることがないかもしれませんが、私にはありました。私にも生きていてほしくないというか、自分の前から去ってほしいと願う人が、時にいるからです。自分の言葉と心が合致していないことについて反省させられます。

私たちは、「人間尊重」だとか「一人ひとりを大切にする」とか、「生命への畏敬の念」だとか、簡単に口にします。しかしその一方で、一年間に何百万という胎児《たいじ》が堕ろされているのです。自己決定権という言葉を使って、自分のおなかに宿った子どもを堕ろしてもかまわないと思う人々がいて、私は非常に矛盾を感じます。

一九九四年にエジプトで国際人口・開発会議が行われた時、フェミニストの人たちが、産む権利、産まない権利について議論を闘わせました。その時に、マザー・テレサから寄せられたメッセージには次のような一文が含まれていたそうです。

「母親が自分の子どもを殺す間、この世界に殺人は絶えないだろう」

私は長く大学の学長として女子学生たちをお預かりしてきましたので、この言葉がいつも心にありました。あまり押しつけがましいことは言いたくありませんが、私たちは「子どもを作る」「作らない」というような言葉を使っていいものなのか、かつてのように、子どもは授かりもの、賜物《たまもの》、いただいたもの、お預かりしたものと考えなくていいのだろうか、といつも問いかけてきました。

あなたは修道者で結婚していないからそういうことが言えるのだ、あなたにはわからないと言われたら、私は一言も返す言葉がありません。ただ、命というものが、こんなに簡単に人間に操作される時代であるのに、一方では「一人の生命は地球よりも重い」ということが簡単に言えるのだろうか、と思うのです。私たちは都合のいい時だけ、人間尊重という体裁のいい言葉を使っていないかどうか、いつも考えさせられるのです。

「使命」という言葉は「命を使う」と書きます。つまり、それこそ何の役にも立たない人でも、生きていること、そのことが使命なのです。生きていることに価値があるのです。この思いを持たないと、役に立つ人と役に立たない人、できる人とできない人、好きな人と嫌いな人によって、命の重さというものが違ってくるのです。

動かすことのできない命への尊厳を、自分の命に対して持つと同時に、他人の命に対しても持とうと努力することが大切です。このことは、今の時代を生きる私たち一人ひとりに突きつけられている課題だろうと思います。

# 生きている、それが使命であり、それこそに価値がある

動かすことのできない命への尊厳を、自分の命に対して持つと同時に、他の人の命に対しても持つこと。

真の愛

# 無条件の愛と人間の弱さ

浄土真宗を興した親鸞《しんらん》聖人は、『歎異抄《たんにしょう》』の中で、「善人《ぜんにん》なほもて往生《わうじやう》をとぐ、いはんや悪人《あくにん》をや」という悪人正機説《しょうきせつ》を唱《とな》えています。これは私たちの常識とは正反対です。私たちは、あの人はいい人だから大往生を遂《と》げる、あの人は悪い人でお念仏も唱えないから地獄へ行くだろうと思いがちです。ところが仏さまの御慈悲というのは、善人でさえ大往生を遂げるのだから、いわんや悪人は仏さまの御慈悲の対象となるというのです。

そしてキリストもまた、同じようなことを言っています。「医者を必要とするのは、健康な人ではなく病人である。私は、正しい人を招くためではなくて、罪人を招くために来た」と。私はこの言葉に救われている人間の一人です。

私がキリスト信者になり、そして修道院に入ったのは、決して行いが良かったからではありません。キリストは、むしろ私のような「しようがない者」を探しておいでになるのだ、そして、そういう人になら、私は一生仕えることができるだろうと思えたからなのです。言葉を換えて言うと、無条件の愛によって救われたのです。

真の愛と呼ばれるものは、誰もが愛せるものを愛することではなくて、誰からも顧《かえり》みられない、価値なきかに見えるものに注がれる愛なのです。

無条件の愛を注げる方は、神さま仏さまだけだと思います。それができない私たちは、無条件の愛に近づいていきたいという気持ちを持って生きることが大切なのではないでしょうか。

私には辛い思い出があります。二・二六事件をテレビで取り上げるというので、スタジオに呼ばれたことがありました。そして、そのスタジオには、思いがけなく父を殺した側の一人が同席されていたのです。

その時、テレビ局の人がコーヒーを出してくださいました。朝の十時頃でしたし、ふだんなら喜んでいただくところです。ところが、私はそのコーヒー茶碗に手をかけて、口元まで持っていきましたが、結局一口も飲むことができませんでした。

それまで、「父親を殺した人たちを恨《うら》んでいますか?」と聞かれても、「いいえ、恨んでおりません。あの人たちにはあの人たちの論理があったのでしょうから」と答えていました。しかし、頭や口では許していると言いながら、体が許していなかったのです。私の中には、殺された父の血が流れているのだと、つくづく思いました。

その時、自分はまだまだ修行が足りないと思いました。同時に、そういう弱さを持った自分に対するいとおしさのようなものも感じました。

心とか頭では許していて、今度会ったらやさしい言葉をかけよう、温かい態度で接しようと思っていても、その人と一緒になると、体が凍ったようになって動かない、そういうことが誰にでもあるのではないでしょうか。私はいまだにあります。でも、それが人間というものなのです。

無条件の愛を持てなくて、何度も何度も倒れて、「ごめんなさい」と言いながら、何度も立ち上がっていくこと。そして、同じように倒れている人たちに、「私もあなたと同じように弱い者なのですよ、お互いに手を携《たずさ》えていきましょうね」というやさしさが、私たちを謙虚にするのです。そして、そんな弱さを持ち、それを認め、へりくだる者を、神仏はいつくしみの眼差しで見守っていてくださいます。

# 自分の弱さを知ることで、人にやさしくなれる

頭や心が許しても、体が許していないことがある。
そういう弱さを認めることで、謙虚になれる。

強い人

# 置かれたところで咲く

もう四十年以上、女子学生たちと接してきていますが、自分のやりたい職業に就《つ》ける人、自分にふさわしい職場を与えられる人は決して多くはありません。

ところが、多くの親たちは、子どもたちが安楽な生活を送れるようにと、塾に通わせ、学校を選び、進学させ、就職させ、良い結婚ができるようにと望んでいます。

もちろん私も、学生たちが、できれば自分に合った職業や職場で働くことができ、またすばらしい人生を歩んでほしいと願っています。

しかし、その願い以上に、私が学生たちに願っているのは、たとえ安楽な生活が送れなくても、自然災害や事故などの突然のトラブルに出会っても、また思いがけない病気にかかったり、挫折にあったり、人から裏切られたとしても、そこから立ち上がることができる強い人になってほしいということです。

私がいつも学生たちに話すのは次のようなことです。

「あなた方が自分の欲している職業に就くこと、それを心から願っているけれども、それ以上に私が願っているのは、与えられた仕事を果たす、そのために必要な力を願い求める人になってほしいということです。つまり、自分の職場で、自分の仕事を一生懸命果たす人になってほしいということです。

言葉を換えて言えば、置かれた場所で咲いている花になってほしいのです。『私はあそこで咲きたい、あそこへ置かれたら私は咲けるのに……』と思う気持ちもわからないではないけれど、私たちは必ずしも自分が望んでいるところに置かれるとは限らないのです。それなら、神さまが植えてくださったところで、一生懸命咲きなさい。そのうちに、またどこかに植え替えられるかもしれない。その時はまたそこで咲いていらっしゃい。とにかく、自分で自分の花を一生懸命咲かせていったら、それがあなたの人生の履歴書になるのよ」

アメリカのJ・F・ケネディ大統領は、その就任演説で、アメリカ国民に向かって、「君たちは、アメリカが君たちに何をしてくれるかということを求めるよりも、君たちがアメリカに何ができるかということを考える人になってほしい」と語りかけました。

このことは、私たち自身が自分の生活信条として考えていきたいものだと思いますし、子どもたちにも伝えていきたい言葉だと思います。自分の人生を、自分で切り拓く勇気と積極性といってもいいでしょう。

主よ
安楽な生活を求めるよりも
強い人に私をしてください
自分にふさわしい仕事を求めるよりも
与えられた仕事を果たすのに必要な力をお与えください

難しい時局の中で、就任三年目にダラスで暗殺されたケネディ大統領が、生前好んで唱えたといわれている祈りです。

# 与えられた仕事を果たす、そのために必要な力を願い求める

自分の職場で、自分の置かれた場所で、自分の仕事を一生懸命果たす人に。

真の教育

# 子どもの良いところを引き出す

真の教育とは、その子どもの偏差値を上げ、いい学校に入学させることではありません。教育（エデュケーション）の語源はラテン語の「e-ducere＝引き出す」で、その人の持っている可能性を引き出すことです。教育とは、知識・技能を与えるだけのものではなく、その人の持っている潜在的な能力、その人の持っている人柄の良さなどを引き出していくこと、それが教育なのです。

今の学校教育は、非常に画一的なものになっていると思います。確かに「ゆとりの教育」「生きる力をつける教育」の大切さが叫ばれ、各学校で自由にプログラムを設定できる総合的な学習の時間ができました。しかし、そこに教師と児童・生徒との心のふれあいがなければ、子どもの良いところを引き出すことはできません。

今の教育に一番欠けているのは、愛と信頼です。子どもを愛し、信頼することができれば、子どもたちは必ず応《こた》えてくれます。

一九七九年、カンボジアが非常に不安定だった頃に、カオダインという難民キャンプを訪れた新聞記者の話です。

新聞記者が通訳と一緒に歩いていると、土埃《つちぼこり》の中に、生気を失った一人の少年が、人々の群れから一人離れて、ぼんやりと座り込んでいました。新聞記者はその少年に向かってこう言ったのです。

「君は信頼できる子どもだと思う。僕がこれから写真を撮り、取材をする間、このカバンを預かってくれないか」

新聞記者にとって、これは勇気のいる決断でした。カバンの中にはパスポートも高額のお金も入っていたからです。

通訳がこの言葉を話し終えた途端に、それまで生ける屍《しかばね》のようだった少年にみるみる生気が蘇《よみがえ》りました。少年は大事そうにそのカバンを抱えると、衰弱してよろめく足を踏みしめ踏みしめ、一日中、新聞記者と通訳の後をついてまわったそうです。そして、時たま新聞記者のほうを見上げて、カバンをポンと叩《たた》いて「大丈夫」という意思表示をして、その日を終えたというのです。

「自分の一生を振り返ってみて、自分が行った最大の善は、あの時あの子どもを信頼したことだ」と、後日、その新聞記者が述懐していました。なぜならそれから数年たって、同じキャンプを訪れた時に、キャンプの指導者から、あの少年は、今は立派な青年となったと聞かされたからです。あの日を境として、少年は劇的に変わったというのです。

彼は続けて言いました。

「人間にとっての最大のミゼール（惨《みじ》めさ）は、極貧でもなければ、飢えでもない、身内の者の虐殺を見た恐怖ですらない。最大のミゼールは、『自分は誰にとっても不要な存在だ』と感じさせられることなのだ」

生ける屍のようだった少年にとって、自分が信頼され、認められたそのことは、食物を与えられ、着物を与えられるよりも、生きるために必要なことだったのでした。

少年は不要の存在から、必要とされる存在になったのでした。

精神科医であり、すぐれた文筆家でもあった神谷美恵子《かみやみえこ》さんは、その著作の中で「愛することは相手をいとおしみ、相手をその最も本来的使命に向かって伸ばそうとする心」と書いています。また「人に生きがいを与えるほど大きな愛はなく、人から生きがいを奪うほど残酷なことはない」とも。

学校の先生や親たちは、子どもをその本来的使命に向かって伸ばそうとしているでしょうか。自分たちが見たい姿に向かって、伸ばそうとしていないでしょうか。もし後者だとしたら、それは大人たちのエゴです。教師は学校の名前を上げるために、いわゆる〝良い〟学校に進学させることだけを考えていないでしょうか。親は自分の虚栄心のために、子どもを塾へ通わせ、勉強させていないかどうか、大人たちは自分を振り返ってみる必要があると思います。子どもは、それが親や教師の期待から大きく外れていても、自分の本来的使命に向かって歩んでいる時に、生き生きと生きてゆけるのです。

教育とは、一人ひとりの子どもをいとおしみ、子どもを愛し、信頼することによって、その可能性を引き出してゆくプロセスなのではないかと思います。

# 子どもを愛し、その潜在的な能力を信じる

教育とは、一人ひとりの子どもをいとおしみ、
その可能性を引き出してゆくプロセスそのもの。

さ
潔

# 自分の花を咲かせる

「人見るもよし　人見ざるもよし　われは咲くなり」という言葉が私は好きです。

花が咲くと、人は「きれいですね。すばらしいですね」と誉めてくださいます。その時は、「ありがとうございます。おかげさまで」と誉め言葉を素直に受け止めたらいいのです。

しかし、長い人生の中には、人が見てくれない時期もあります。また、たとえ見てくださっていても、他の人が主になっていて、私は従になっていたり、誉めていただけないことも結構あるものです。

私は最後の「われは咲くなり」という言葉が好きです。潔《いさぎよ》い言葉です。人が見てくださらなくても私は咲きます。人が誉めてくださらない時でも、苦労して成し遂げたことを人に評価されなくても、私がしたということに変わりはありません。だから、私は人よりももっと大きなものの眼差しの前で、自分の花を咲かせるのです。

人を相手にしていたら、小さな人間にしかなれません。人が誉めたとか、誉めなかったとか、人が親切にしてくれたとか、くれなかったとか、それは嬉《うれ》しいことであったり、悔しいことであるかもしれません。けれども、それにこだわるということは、相手に左右され、振りまわされていることで、私の主体性は失われてしまいます。私は私らしく生きたいのです。それが「咲く」ということなのです。

自分の花を咲かせることが一番大事なのです。そしてそれは、誰かのために咲くのではなく、むしろ人よりも大きなものの眼差しの前で咲くのであって、その眼差しに美しいと映ればそれでいいのです。

置かれたところで、自分にしか咲かせられない花を咲かせていたいというのが、私の願いです。

# 人に振り回されず、私は私らしく生きる

誰かのために咲くのではなく、
むしろ人よりも大きなものの眼差しの前で咲く。

自育

# 「育てたように子は育つ」

「育てたように子は育つ」(*c)相田みつをさんの言葉の一つです。

あるバスの中での出来事でした。買物帰りらしい母子が乗っていました。突然、三歳ぐらいの男の子が、母親に向かって、「バナナが食べたい」と言います。母親は聞こえないふりをして窓の外を見ています。男の子が何回か繰り返してせがむと、一言「バナナなんかありません」。

男の子は先刻買ったバナナがバッグの中にあるのを知っていますから、「ねえ、バナナが食べたいよ」と、引き下がりません。男の子の声がだんだん高くなり、バスの乗客がジロジロ見始めます。そこで母親は、バッグからバナナを一本取り出して、「静かにしなさい」と言って、男の子に渡したのでした。

この母親は、三つの〝してはいけない〟子育てをしてしまったのです。一つは、相手の言うことを無視したこと、二つ目は、嘘《うそ》をついたこと、三つ目は、周囲の目に負けたことです。

「お家に帰ってから食べましょうね。それまで我慢しましょう」と、なぜ初めから静かに話しかけてやれなかったのか。そして、我慢する子を誉めてやればよかったのです。

育てたように子は育つのだとすれば、この男の子は、やがて母親が何かお使いを頼んでも、聞こえないふりをすることでしょう。嘘を平気でつく子にならないとも限りません。そして、自分が騒いだり、暴力を振るえば、親は世間体《せけんてい》を考えて、言いなりになると考える人間に育ってゆくかもしれないのです。

「子どもは、親や教師の言う通りにはならないが、する通りになる」というのも本当です。私自身、その意味では、学生たちに育ててもらいました。どんなに偉そうに良い話をしても、私が実行する努力をしていなければ、その言葉には力がなく、学生たちは、ほんものかどうかを見透《みす》かす目を持っています。

子どもたちに「仲良くするのですよ」と言うのでしたら、まず、父親、母親、祖父母等が、お互いにいたわり合い、詫び合い、許し合い、感謝し合っている姿を見せないと駄目なのです。

育児は育自です。自分の成長なしに良い子どもは育たないし、自分の成長は、自分との闘いなしにはあり得ません。子どもは、お金では育たないのです。

# 親の成長なしに、良い子は育たない

子どもは、親や教師の言う通りにはならないが、する通りになる。

## 第3章

# 人を生かすもの

# 「私が願うのは」

私が願うのは
危険から護られることではなく
危険のさなかで
恐れないことです

哀しみのどん底
心のはげしい痛みの中で
慰《なぐさ》めてもらうことではなく
哀しみを克服し
勝利をうたうことなのです

逃げ場がなくなった時も
勇気を失わさせないでください

世間的にも大失敗し
挫折の連続に遭《あ》っている時も
その害が取り返しのつかないものだと
考えない恵みをいただきたいのです

あなたが来て私を救ってくださる――
これを私は願っていません
私が願うのは
のりこえてゆく力です

あなたは私の荷を軽くしたり

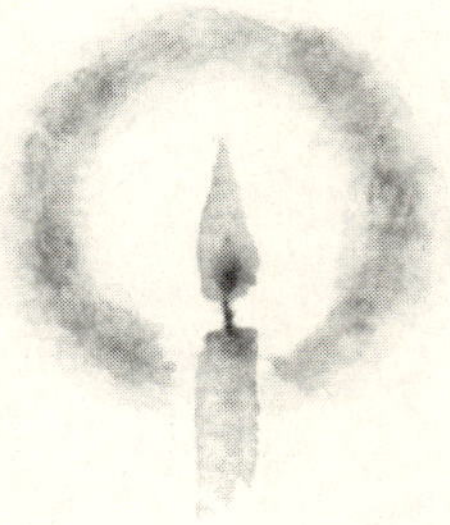

慰めてくださらないで結構です
ただ　私が重荷を担う
その力をお与えください

喜びの日に
謙虚に頭を垂れ
私はあなたを思い
あなたの存在を認めます

暗い悲しい夜
失意以外、何もない夜にも
ああ　決してあなたを
疑うことがありませんように

（訳　渡辺和子）

試練

# 恵みは与えられた仕事についてくる

これは、ノーベル文学賞を受賞したインドの詩人・タゴールの詩です。

この詩は、さまざまな試練を自分から遠ざけてくださいと願うのではなく、それらの試練に耐え、乗り越えてゆく力を求める祈りです。そして、そのような態度こそが人間としてあるべき姿だと教えてくれているように思います。人はそのように祈ることで、生きていく力を与えられるのです。

聖書の中にも、「(神は)あなたがたを耐えられないような試練に遭わせることはないばかりか、試練と同時に、それに耐えられるように、のがれる道も備えてくださる」と書かれています。

私が修道生活に入ってから聞かされ続けた言葉の一つは、「与えられた仕事を従順に受け入れる時、必要な恵みはついてくる」でした。

アメリカの修練院に突然派遣された時も、その地で博士号取得を言い渡され

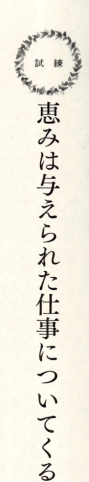

た時も、そして岡山への赴任を命じられた時も、その翌年、前任者の急死によって、三十六歳で学長職に任命された時も、この「恵みは、与えられた仕事についてくる」という信頼が、私にその試練を乗り越えていく力を与えてくれました。

自ら求めたものではない境遇、立場、仕事……、それらは、一つとして、私の人生設計の中にはありませんでした。「神の思いは、人の思いと異なる」のです。

しかし、それらの「こんな筈《はず》でなかった」ことを一つひとつ受け入れ、大いなるものの恵みを信じて努力する時、人はそれらを乗り越えていく力を与えられるのだと、私は経験で知りました。

# 試練を乗り越えていく力が与えられていると信じる

神はその人が耐えられないような試練に遭わせることはない。

学生との約束

# 「もうちょっと生きてみよう」

二十七年間、ノートルダム清心女子大学の学長を務めていた間で一番辛《つら》かったのは、私が大事に思っていた学生や卒業生たちの中に、自ら死を選んでしまった人たちがいたことです。

授業の中で、私は学生たちと約束をします。「あなたがた一人ひとりは私の宝なんだから、死んじゃだめよ。死なないでね。死にたくなったら、『苦しいから、もうちょっと生きてみよう』とつぶやいてごらんなさい」と。それでも死ぬ人がいるのです。

その時ばかりは、「なんて私には力がないのだろう」と、本当に無力感にとらわれてしまいます。

でも、それは当たり前のことなのです。

私が話をしたら、自殺を思い留《とど》まってくれる——、そんなことはないのです。人が人を助けられるなんて、大変な思い上がりだと思います。

私は私にできる限りのことをするだけです。あとはその人の自由です。

ただ、人には「生きよう」という根元的な願いがあります。今、その願いが何かによってブロックされているために、「死んだほうが楽だ」という気持ちになっているのなら、そのブロックを取り除いてあげる、そのお手伝いなら、少しはできるかもしれないと思います。

それは、心をこめて相手の言うことを聞いてあげることであり、その人にほほえみかけることであり、何か手助けをすることなのではないでしょうか。

そのことが、その人の中にある生命力を喚起したり、根元的な「生きたい」という願いを目覚めさせて、「もうちょっと生きてみよう」と思う気持ちを起こさせてくれたら……と祈るのです。

# 人には「生きよう」という根元的な願いがある

それが何かによってブロックされているのなら、
それを取り除く手伝いをしてあげる。

他人のために

# 生存本能を超えるもの

人間を生かしているのは、生存本能という大変強い欲求です。

たとえば、自殺をしたいと思っている人が、道を歩いていたところに、向こうからバイクが暴走してきたら、その人は無意識のうちにそれを避けてしまうというのです。自殺しようと思っているのですから、そのバイクに轢《ひ》かれてもいいかもしれないのに、そのバイクに向かっていくことはできない、そういう生存本能があるといわれています。

しかし、その一方で、生存本能に逆らうことができるのも人間です。

たとえば船が難破した時、救命具を他の人に譲って自分が死んでいくこともできる、そういう人間の自由もあるのです。

第二次世界大戦の終わり頃、アウシュビッツの収容所で、一人の脱走者が出ました。収容所では、脱走者が出ると、連帯責任として十名ほどの囚人が無作為に選ばれ、餓死刑に処せられることになっていました。

全員一列に並ばされて、その中から選ばれた十名のうち、一人の若い男が、「妻子がいるので、死にたくない」と叫んだのです。

その時、何の関《かか》わりもない一人の囚人が進み出て、「私はカトリックの神父で、妻も子どももない独身者です。どうぞ、この人に代わって、私を餓死刑にしてください」と申し出ました。その人こそ、日本の長崎で、戦前布教活動を行った、ポーランドのコルベ神父でした。餓死刑に処せられた人たちが閉じ込められた地下牢からは、たえず賛美歌が流れ、祈りが聞かれたと伝えられています。そして、十四日間生きながらえたコルベ神父は、最後に毒殺されたそうです。

私たちにその勇気があるかどうかわかりませんが、我が身を顧《かえり》みずに友のために命を捨てること、自分より困っている人のために我が身を惜しまずに奉仕をする、そういう人間の尊さもあるのです。

人間の中にはこのように、自分を中心に考える強い欲求さえも抑えて、より高い愛に生き、他人のために死ぬことができる人もいるのです。

## 我が身を惜しまずに奉仕する、そういう人間の尊さもある

自分を中心に考える強い欲求を抑えて、
他人のために死ぬことができる人もいる。

人を
生かす愛

# あなたは宝石です

「子どもを身ごもったら、祝福して産んであげてください。私みたいに負い目を持った子どもを産まないでほしい。要らないと思うような子どもでも、自分の体内に宿った子どもは、賜物《たまもの》だと思って産んでちょうだい。そうしないと、一生、自分が生きることに自信を持てない人を、世の中に送り出すことになるから……」

私は、学生たちにこんな話をすることがあります。なぜなら、私は「望まれないで、生まれてきた子どもなのだ」という思いがいつも心のどこかにあるからです。そして、その負い目は、今も自信のない私になって表われています。

産むのをためらった母に、「産んでおけ」と言ってくれた父の最期を、私だけが二・二六のクーデターの中で看取《みと》ることができたのは、私の父への恩返しになりました。

父は私が九歳の時に非業《ひごう》の死を遂《と》げましたが、九年の間に、一生分の愛を私に注いでくれました。そのおかげで、私は、生まれてきた時の負い目にもかかわらず、一応、人並みに育ちましたし、愛が人を生かす大きな力となることを、そして愛がどれほどすばらしいものであるかということを知りました。

さらに、二十代の初め頃出会った一人の宣教師の方から、「あなたは宝石のような人だ」という言葉をいただいたおかげで、私は自信を持つようになり、その言葉に応《こた》えるために「宝石になろう」という、生きる張りをいただきました。

その方へのご恩返しとして、今度は、私が学生たち一人ひとりに向かって、「あなたは宝石なのです。だから自分の体も、心も、いい加減にしないで、大切に生きてください」と、授業の中で、学生たちとのふれあいの中で、少しでも伝えていくことができたらと願って生きてきました。

私の講義では、学生が出席のメモに感想、質問、反論、何でも書いてよいことになっていて、私はその一人ひとりに対して、名前を書いて、一筆箋《いっぴつせん》で返事を返すようにしています。そのメモへの返事を受け取った一人の学生が、こんなことを書いてくれました。

「質問へのお返事を書いてくださって有難うございました。私は今まで、シスターにとっては何千人の中の一学生にすぎない。きっと四年間在学していたことにすら気づいてもらえないだろうと思っておりました。

でも違ったのですね。私もシスターに大切にして頂いていること、シスターに愛されていることを感じました。同時に『ああ、こんなふうに私も神様に愛されている、ごたいせつにされている一人の人間なんだ』と気付きました。

私も教師になったら生徒一人ひとりを大切にしていきます」

人を生かす愛は、相手を一人の人格としてしっかりと受け止めることから始まると思うのです。夜、寝る時間を削っても、学生一人ひとりに返事を書いて本当に良かったと思いました。愛は溢《あふ》れてゆきます。

# 愛とは、相手を一人の人格として大切にすること

「あなたが大切だ」と伝えることが、
その人に生きていく力と自信を与える。

見捨てない

# 存在を認めるほほえみ

一人の卒業生からこんな手紙をもらったことがあります。

「自分が卒業させた生徒たちの中に、一人、学業的にも家庭的にも問題の多い女子生徒がいました。その子が卒業間際に、私に向かって、『先生だけは私を見捨てないでいてくれた』と言って卒業していきました。私はいったい何のことかと思ったのです。なぜなら、私はその子に特に何かしたというおぼえがなかったからです。でも、よく考えてみたら、授業中にその子と目が合った時に、私は努めてほほえんだことを思い出しました。そのことを、その子は『見捨てないでいてくれた』と言ったのかもしれません。

大学に在学中、私はいやというほど、シスターからほほえみの大切さを聞きました。でも、右の耳から左の耳へと聞き流していました。ああ、きれいごとだと思っていました。でも、ようやくほほえみの持つ意味がわかりました。つまり、生きている自信を失っている人に、生きる自信を与えるほどに、ほほえみというものには力があるのだということがやっとわかったのです」

他の先生たちからは〝お荷物〟として無視され、目を合わせてもらえなかったその女子生徒は、彼女のほほえみから「ああ、あなた今日も来たわね、よかった。先生はあなたが来て嬉《うれ》しいわ。座っているだけでいいから、いてちょうだい」というメッセージを受け取っていたのでしょう。

そして、もしかしたら、卒業後も、この〝愛された思い〟に生かされて、今日も元気に生きているのかもしれません。

ほほえみには、ほほえまれた相手の存在そのものを認めるほどの力があるのです。家庭の中でのほほえみを惜しまないでいたいものです。

# ほほえみには、その人の存在そのものを認めるほどの力がある

何気ないささやかなほほえみが、生きていく自信を取り戻させるほどの力を持っている。

使命

# 生きている価値

十六歳の女子高生が新聞にこんな投書をしていました。

「私は体の弱い女の子です。クラブに入っていますけれども、先輩たちが聞こえよがしに、『体の弱いやつはいるだけで迷惑だ』と言っています。でも、私はこう思うのです。人間、価値があるから生きているんじゃなくて、生きているから価値があるんだ、と」

この投書を読んだ時に、私はなんて強い子だろうと思いました。今の子どもたちが、みんなこんなふうに言えたら、どんなにすばらしいでしょうか。そして、私たち大人が、子どもたち一人ひとりに向かってこんなふうに言えたら……。

「使命」という言葉は、「命を使う」と書きます。だから、それこそ何の役にも立たないように思われている人でも、生きていることが使命なのです。生きている、そのことに価値があるのです。

今の世の中は、競争社会、弱肉強食の世で、人はその利用価値、商品価値で査定され、リストラされてしまう世の中です。

このような現実をしっかり見据《みす》えて、たくましく生きる力を備えると同時に、そういう力を持つことなく存在している人、または、その価値を喪失してしまった人たちへのやさしさを育ててゆかないといけないのです。

マルティン・ブーバーというユダヤ人哲学者も次のように書いています。

「この世に生まれてくる一人ひとりは、なにか新しいもの、独自なものを持っている。彼は自分と同じ存在がこの世にいないことを知らねばならない。もしあったとしたら、彼は存在する必要がないのだから。一人ひとりは彼にしか果たせない使命を果たすべくこの世に存在するのだ」

どんな人間にも存在価値があるということを忘れずに、自分も他人もいただいた命を大切に生きていきたいと思います。

# 自分の使命を果たすために、人は生まれてきた

価値があるから生きているわけではない。
人は、生きているから価値がある。

# 自分の置かれた環境をどう見るか

「愛する」というのは、自分が価値あると思うものに魅《ひ》かれることです。そして、愛するものを持っている人は幸せです。

仕事に価値を見出《みいだ》している人、意味を見出している人は幸せでしょうし、同じ仕事をしていても、つまらないと思ってしている人は、毎日が幸せではないだろうと思います。

また、家族に対しても、ありがたいと思っている人は幸せな人でしょうし、自分の配偶者や子どもたちを、価値あるものと見ることができない人は、はた目には幸せそうに見えても、必ずしも本人は幸せではないわけです。

卒業生の中にも、自分の夫に対して不平不満を言うだけの人がいます。かと思うと、それほどの人と結婚していなくても、「私にはすぎた夫です。私には勿体《もったい》ないような人です」と言う人もいます。子どもにしても、いわゆる有名校とか、進学校とか、そういうところに入る、入らないにかかわらず、「この子どもは私の宝です」と言える卒業生は幸せな人たちですし、はたから見るとあの人は本当に何もかも恵まれていると思っても、その人自身、自分が置かれた環境を、「恵まれている」と思うことができなければ、その人は不幸でしかないでしょう。

幸せか不幸せかということは、必ずしも外から見てわかることではないのです。何かが揃《そろ》っているから、所得がこれだけあるから、ということで決められることでもありません。

幸・不幸は、その人が、自分の置かれた環境をどういう眼差《まなざ》しで見ているか、すなわち感謝の気持ちで見ているか、それともまだ物足りないという気持ちで見ているかということにかかっているように思います。

# 置かれた環境を「恵まれている」と思えるかどうか

幸せか不幸せかは、感謝の気持ちで見ているか、物足りないという気持ちで見ているかで決まる。

不屈の魂

# 「冬がきたら」

これは四国の愛媛県にお住まいの詩人・坂村真民《さかむらしんみん》先生の「冬がきたら」という長い詩の一部分です。

冬がきたら
冬のことだけ思おう
冬を遠ざけようとしたりしないで
むしろすすんで
冬のたましいにふれ
冬のいのちにふれよう

冬がきたら

冬だけが持つ
深さときびしさと
静けさを知ろう
冬はわたしに
いろいろのことを教えてくれる
先づ沈黙の大事なことを
すべての真理は
この沈黙のなかからのみ
生まれてくることを
それから自己試練の大切なことを
すべての事を成就するには
この不屈の魂によってのみ
成功することを

（『坂村真民全詩集　第二巻』大東出版社）

寒い時には暖房を、暑い時には冷房を入れることによって、私たちは、確かに快適な生活を送っていますが、人生の冬、人生の夏に冷暖房を入れることはできません。

この詩は、そんな時に、どう生きるかを教えてくれています。つまり、人生の冬、辛いこと、苦しいことから逃げないで、冬でなければ味わえないもの、経験できないものをしっかり受け止め、冬という季節の中に宝物を見つける生き方です。

# 辛いこと、苦しいことから逃げずに、その中に宝物を見つける

冬でなければ味わえないもの、経験できないものをしっかり受け止めてみよう。人生には冬の時期もあるのだから。

見出す

# 視点を変える

私が父や母にとても感謝しているのは、「世の中というものは難しいのが当たり前、難しくなかったらありがたいと思いなさい」と教えてくれたことです。そしてまた、「人を頼ってはいけない、人は皆自分が可愛《かわい》いのだから、人に頼って、応えてくれないと不平が起きる」と言って、甘えることを教えないでいてくれました。

だから、人が良くしてくださるとありがたいと思いますが、良くしてくださらなくても当たり前だと思います。また、意地悪をされても、「ああ、これが世の中なんだ」というふうに思える、そういう育て方をしてくれました。

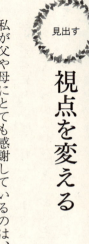

今思えば、どんなことがあっても、笑顔で、たくましく生きることを教えてくれた両親に対して、とても感謝しています。

人間はその幼児期、少年・少女期を越えて、大人になってしまうと、自分で努力し、工夫しないと感謝することが見つけられません。とかく足りないことを見つけて、不平を言ったり、愚痴《ぐち》をこぼしたりしがちです。

しかし、感謝しがたい中で感謝することを見出し、意味の見出しがたいところに意味を見つけていくことが、人間らしさ、人間の尊厳だと私は思うのです。

自分の周囲に難しい人がいなかったら、どんなにいいかと思う時もありますが、そういう人がいるとしたら、むしろその難しい人を「この人がいるから、私は少し、人間として丸くなることができたのだ」、そんなふうに思いたいのです。

これは自分をごまかすことではありません。視点を変えてみる、そのことで救われることが人生には少なくないのです。

学生たちにも、「叱《しか》られたら、すぐふくれたり、涙を流すのでなく、まず『ありがとうございました』と、お礼を言うのですよ」と教えています。叱ってもらえるだけでもありがたいと思わないといけないと思うからです。

# 視点を変える、
# それだけで救われることが
# 人生には少なくない

感謝しがたい中で感謝することを見出し、
意味の見出しがたいところに意味を見つけていく。

母の後ろ姿

# 人間の大きさ

愛知県生まれの母は、十八歳で九歳年上の陸軍中尉だった父と結婚して上京しました。田舎とはいえ、素封家《そほうか》に生まれた母にとって、東京という都会で、陸軍大尉の安月給で家計をまかなっていくことは、大変なことだったろうと思います。しかも、父が長期間にわたって欧州駐在武官として日本を留守にしたため、母は父の親族との人間関係などで、随分辛い思いをしていたと姉から聞いたことがあります。

また、父の昇格に伴って、母もいわゆる上流社会の人たちと交流することになりましたが、高等小学校を出ただけの学歴しかなかったのに、そういう人たちに引けをとらない教養と優雅さを、自分で努力して身につけた人でした。

母は大変な苦労をし、また大変な努力をして、軍人の妻としての役割を果たし、私たちを厳しくしつけてくれました。その後ろ姿から、決して思うままにならない世の中を生きていくためには、他人に甘えないこと、頼らないこと、不自由に耐えること、倒れても起き上がることの大切さをしっかりと教えてくれたのです。

修道院で生活をしていても、心が貧しい時には、小さなことが気になります。そんな時、「人間の大きさというのは、その人が気にすることの大きさなのよ」と教えてくれた母の言葉を思い出しては、「こんな小さなことで腹を立てていては勿体ない、心を乱されてはいけない」と自分をいましめています。

「我が身をつねって、人の痛さを知れ」ということも、よく言われたことの一つです。「つねってはいけない」というのでなく、まず、自分が我が身をつねってから、他人をつねりなさい。他人の痛みのわかる人となりなさいということだったようです。

生まれつき勝気で、他人をつねりそうな私への適切なアドバイスでした。

# 人間の大きさとは、その人が気にすることの大きさ

心が貧しい時には、小さなことが気になるもの。
母の言葉を思い出し、自分をいましめる。

自分との闘い

## クリスチャン

母は、父の亡骸《なきがら》を前にして、一滴の涙も流さないような気丈《きじょう》な人でした。そんな母の気性を受け継いだのか、私も生まれつき勝気な子どもでした。

成長するにつれ、人を蹴落《けお》として自分が一番になることばかりを考え、人よりすぐれていない自分自身に対して腹立たしさを感じることが多くなりました。そして、自然と顔つきが厳しくなり、人にもきつく当たっていたのだろうと思います。

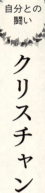

雙葉《ふたば》の女学校に通っていた帰り道、荻窪《おぎくぼ》の四面道《しめんどう》という交差点で、二人の友だちから「和子さんは鬼みたい」と言われたことは、今でも忘れることができません。何の話をしていたのか覚えていませんが、あの日、あの場所で、「鬼みたい」と言われたことを、私はいまだに忘れることができないのです。

その頃、母からも「冷たい人間だ。あなたのような子どもを産んだ覚えはない」というようなことを言われ、「でも、お母さま、産みたくもないのに産んだのは誰ですか」というような態度をとる自分に、自分でも愛想を尽かしていたのでした。

そんな自分に嫌気がさして、新しい自分に生まれ変わりたいと願って、キリスト教の洗礼を受けたのですが、洗礼はマジックではなく、その後の私は、相変わらずのわがまま者でした。そして母からは、「あなたは、それでもクリスチャンなの」となじられたものです。この言葉は、どんなお説教よりも、私にとって痛いものでした。なぜなら、私は、母の大反対を押し切って洗礼を受けたからです。

学歴はなくても母は賢い人でした。「お母さま、誰々さんはこんなことをおっしゃった。本当に意地が悪い」と言いつけた時、母は笑いながら、「他人の意地悪がわかるのは、あなたが意地悪だからなのよ」と教えてくれたことがあります。

許しがたい人を許し、愛しがたい人を愛することは、英雄的な勇気を必要とします。毎日のように、いやだ、辛い、許しがたいと思うことと自分で闘って、そしてそれに打ち勝たなければなりません。

そのことで少し成長して、母から「ようやくあなたは少しクリスチャンらしくなったわね」と言ってもらえたら……、そんな思いで今まで生きてきたように思います。

# 許しがたい人を許すには、英雄的な勇気がいる

いやだ、辛い、許しがたいと思うことと自分で闘って、そしてそれに打ち勝とうと努力する。

生きる目的

## 母との別れ

いつ頃からだったでしょうか。私が二十歳くらいになってから、母は折りあるごとに「やはりお父さまのおっしゃることに間違いはなかった。本当に産んでおいてよかった」と言ってくれました。そんな時、母の心に去来したであろう複雑な思いを察して、改めて自分の今日あることが、自分の力によるものではないことを感じたものです。四十四歳にもなって、私を宿した母は、すでに姉一人と兄二人を産んでいたこともあって、私を産みたがらず、その母を説得して産ませたのは父だったと後に知りました。

その母も、もう三十年以上も前に、東京のとある施設でひっそりと亡くなりました。母は人の世話になるのが大嫌いでしたが、亡くなる前の二年間は、幼子のようになり、自分が世話をされているということがわからなくなりました。それは本当に大きな恵みだったと思います。

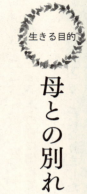

私が修道院に入れていただいたのは、昭和三十一年の九月、二十九歳七カ月の時です。当時は三十歳までしか修道院に入れてもらえませんでしたから、本当にギリギリでした。職業軍人で敗戦を迎え、医者になることを志した次兄のために私はキャリアウーマンとして働き、一家を支えておりました。

その兄も医者になり、三十一年の五月に結婚したので、その四カ月後、修道院に入りました。

修道院に入るためには、それまでの生活と決別しなければなりません。私は、好きだった宝石や香水や洋服も、何もかも置いて修道院に入りました。でも、何よりも一番辛かったのは、その時すでに七十三歳になっていた老いた母を兄嫁の元に残していくことでした。

一方、母は、どうせ辛抱《しんぼう》できないで、しばらくしたら修道院から戻ってくるものと思ったらしく、「その時に私がいてやらなくては、この子には行くところがない」と、その日に備えて私のものを大切に保管してくれていたのです。

その後、私はアメリカの修練院に派遣され、修練後は大学院で博士号をとるべく勉強することになりました。その五年という歳月の間、「母が生きている間に日本に帰りたい」という思いがいつも私の心のどこかにありました。

そして母も、その時二度目の長生きの決心をしたようでした。

「この子がアメリカから帰ってくるまで、どうしても私が生きていてやらなくては」

それだけに、アメリカ滞在を終えて私が戻ってからの母の老いこみようはひどかったのです。

四人の子どもをそれぞれ一人前にしたという安心感が、自分の存在の必要性というものへの自信を徐々に失わせていったのかもしれません。生きる上で生活に張りがあるかないかということが、こんなにまで影響するということを、私は母の姿に見たように思います。

神谷美恵子《かみやみえこ》さんが、「人に生きがいを与えるほど大きな愛はなく、人から生きがいを奪うほど残酷なことはない」と書いていらっしゃいますが、本当にそうだと思います。

「生きる目的（why to live）のある人には、ほとんどいかなる生き方（how to live）も可能である」というニーチェの言葉の通りなのです。

その後、母は八十七歳まで長生きしてくれましたが、亡くなった時に私は岡山の地にいたために、一人だけ臨終《りんじゅう》に間に合いませんでした。修道院に入りたいと言った時は、「どうして」と淋《さび》し気に言った母は、後になって「あなたは、これでよかった」と言ってくれました。「お仕事が第一だから、私に何があっても戻ってこなくていい」という母の言葉通りになったことを、母は喜んでいることでしょう。

# 生きる目的のある人は、どんな生き方も可能である

生きがいを与えるほど大きな愛はなく、
生きがいを奪うほど残酷なことはない。

幸せを願う

# 母への想い

心のアルバムを開く時、そこにはいつも、子どもたちの将来の幸せを願い、そのために自分のすべてを捧げてくれた母の姿があります。「私は何の趣味もない女。子どもたちを育てることだけが、私の趣味だった」。年老いてから、母はしみじみと述懐するのでした。

母の厳しさの根底には、いつも揺るぎない子どもたちへの愛がありました。幼い時は、あまりのしつけの厳しさに、継母《ままはは》ではないかとさえ思い、若い時には、母のすること、なすことの一つひとつに反抗を覚えた私でした。

しかし苦労して大学に通わせてくれた頃から母には心から感謝し、徐々に老いてゆく母がいとおしく思えて、修道院に入るまでの数カ月の間、母との水入らずの生活を楽しんだものです。仕事上、夜遅くなる私の身を気づかって、明るい大通りまで迎えに来てくれている母の、丸くなった背中、小さくなった肩を抱くようにして、二人分の和菓子を買い求めて家に戻った日々を、今もなつかしく思い出します。七十を越していた母は、腰の痛む日もあったでしょうに、一言の愚痴も言いませんでした。自分がその頃の母の年齢を過ぎた今、しみじみと母の偉大さを思うのです。

真宗の高僧、暁烏敏《あけがらすはや》は、次のようにうたっています。

十億の人に十億の母あらむも
わが母にまさる母ありなむや

私もまた、母を「世界中で一番良い母」と誇れることを幸せに思います。

# 母の厳しさの根底には、いつも揺るぎない子どもへの愛がある

子どもたちの将来の幸せを願い、
そのために自分のすべてを捧げてくれるのが母親。

生きる意味

# 天との契約

アメリカの大学院で勉強している時、ヴィクトール・フランクルという人の書いた本を読む機会がありました。日本語にも訳されている『夜と霧』『死と愛』という本です。

ご存知の方も多いと思いますが、この著者はオーストリアの精神科医で、ユダヤ人でした。そのため、ナチスに捕《と》らえられて、アウシュビッツとダッハウの収容所に入れられ、九死に一生を得て終戦を迎えた人です。彼が著書の中で次のように書いています。

「人を生かすのはお金でもない、快楽でもない、権力でもない。人を生かすのは意味である。生きている意味が見出せている限り、人は生きることができる。その証拠に、収容所で最後まで生き永らえることができたのは、体が頑丈な人ではなかった。最後まで生きられたのは、『いつか必ずこの戦争は終わる、終わったならば、私はまた元の家に戻って、パン屋をしよう。クリーニング屋をしよう。妻子と一緒に生活をしよう』と希望を持っていた人。もうだめだと絶望してしまわないで、今日生きていれば明日がある、明日もう一日生き延びれば明後日がある……、と自分の今日のいのちに意味を与えることができた人なのだ」

このことを体験したフランクルは収容所を出てから、ロゴセラピー（自分の存在に意味や価値を見出せるかどうかは、生きるエネルギーを持ち続けられるかどうかに大きな影響を与えるという考え方）を樹立したのです。

私は、彼の著作の中で、「天との契約」という見慣れない言葉に出会いました。天と契約する、あるいは神との契約・約束といってもいいかと思います。

彼の本に一囚人の体験報告が書かれています。

「収容所の中の私は死刑囚と同じで、いつガス部屋に引き出されるかわからない。その苦しみと死というものに何らかの意味を与えなければ、それこそ気が狂ってしまって死んでしまうだろう。そこで私は天と契約を結んだのであった。すなわちもし私が死なねばならない運命ならば、私の死は私の母に生き永らえることを贈るのであった。そして私が私の死まで苦痛を耐えしのべばしのぶほど、私の母は苦しみのない死を迎えることができるのであった」

「天との契約」を結ぶことによって、彼は死に対する恐怖や苦痛、それらを意味あるものとすることができた、意味あるものとすることができたので、耐えしのぶことができたのです。

私はこれを読んだ時、ああ、私はこれを私の母に使おうと思いました。修道院に入るまでの数カ月、母とは水入らずの二人だけの生活をしていました。その母を兄夫婦に任せて修道院に入ったものですから、母が淋しい思いをしているのではないかとずっと気にかかっていたのです。

私は、「このアメリカでの淋しさを喜んで捧げますから、どうぞ母が今日淋しい思いをしませんように。どんな辛い言葉も笑顔で受けますから、どうぞ母が辛い言葉を聞かなくてすみますように」と神さまと取り引きをしたのです。

当時のアメリカでは、まだ前の戦争の余波が残っていました。そのために、日本人である私は、辛い言葉を聞くことも少なくありませんでした。その辛い言葉も笑顔で受けますから、どうぞ母が辛い言葉を聞かないですむようにと、私も「天との契約」をしたのです。

一九八四年にマザー・テレサが岡山にいらした時のことです。ノーベル平和賞をお受けになったマザーの行く先々で人々はマザーを待ち受け、フラッシュがたかれました。七十四歳で異国を訪問し、その日も朝早く東京を発って、広島で大きな講演をし、その後の岡山訪問でした。きっと疲れていらしたと思うのです。にもかかわらず、マザーは嫌な顔ひとつなさらず、カメラに向かってとても美しい笑顔を見せられるのでした。

私は、〝マザーは愛想のよい方、もしかしたらカメラがお好きなのかしら〟と思いました。そんな私の心を見通すように、夜も九時近く、その日の日程をすべて終えて修道院にお泊めするべくご案内する私に、マザーはそっとおっしゃいました。

「シスター、私は、フラッシュが一つたかれる度《たび》に笑顔をしますから、この世を去る魂が、安らかに召されて行くようにしてください、と神さまとお約束しているんですよ」

マザーも「天との契約」を結び、実行していらしたのでした。

# 人を生かすのは意味である。
# その意味を見出せれば、
# 人は生きていける

そこに意味を見出すことができれば、
どんな苦労や苦痛も人は耐えしのぶことができる。

生き方

# 人生の穴

この世の中は不完全です。人間も、物事も、決して自分の思う通りにはなりません。

人生には思いがけずぽっかりと穴があくことがあります。それは病気であったり、人からの裏切りであったり、事業の失敗であったり、考えてもみなかった子どもの不登校であったり、いじめであったりすることがあります。

私たちの人生をステージにたとえるとすれば、その人生というステージに穴がなければ、大手《おおで》を振って意気揚々と歩くことができます。しかし穴があくと、絶えず足許《あしもと》を気にしながら歩いていかなければなりません。

浅《あさ》野《の》順一《じゅんいち》牧師が、『ヨブ記　その今日への意義』という題をつけてお書きになった本があります。その中で、「人生の穴」について触れていらっしゃいます。

「穴があいた時に、その穴を埋めようとする、またはその穴をあかなかったかのように無視することもできる。私たちの宗教を信じなかったから穴があいたのだから、お信じなさいと言い寄ってくる宗教にはまってしまう人もいる。しかし、穴があかなければ見えなかったものを、その穴から見ることも一つの生き方だ」

穴があくまでは見えなかったものを、穴から見る、そういう生き方をすることは、プラス思考であり、「見させてください」と祈ることによって可能になります。

浅野牧師は、同じ本でこんな美しいたとえも書いていらっしゃいます。

「非常に深い井戸があって、その底に水が溜《た》まっている時、その水面には、昼間でも肉眼では見えない星影が映っている」

私はまだそんなに深い井戸を見たことがありませんし、その星影を見たこともありませんが、きれいなたとえだなあと思ったことをよく覚えています。人生の穴も、それがあくまでは見えなかったものを、見せてくれるのです。

# 穴があかなければ見えなかったものを、その穴から見る

穴から見ることは、プラス思考であり、
それは「見させてください」と祈ることによって可能になる。

経験

# 運命と摂理

二十数年前、私も思いがけない病気をしました。そのときの日誌を見てみると、「もうこれで人生は終わりかもしれない」というようなことを書いています。それほどまでに自分に自信を失った時があるのです。

ちょうど更年期と重なっていたこともあり、「心に風邪を引いた」とでもいえばいいのでしょうか、うつ病になったのです。学長の仕事に加えて、修道会のほうでも責任ある仕事をいただいて、疲れ切っていました。

修道者でありながら、信仰を持っていながら、どうしてこんなふうに生きることが辛いのだろうと、大変悩み苦しい時期でした。もっと生き生きとしていなければいけないのに、朝起きるのも大儀なら、生きることも大儀、だったら死んだほうがましではないかと、修道者でありながらそんなことまで考えた年月があるのです。

これはうつ病になった方でないと理解していただくのが難しいと思いますが、とにかく苦しいのです。

その時、一人の方が、「シスター。運命は冷たいけれども、摂理は温かいですよ」とおっしゃってくださいました。

降って湧《わ》いたような災難、運命として受け止めるのでなく、摂理として受け止めるということは、この病気を何か大きなものの計《はか》らいと考えるのです。「運命は冷たいけれど、摂理は温かい」、この言葉に、とても救われた気がしました。

どうして私はこんな病気にかかってしまったのだろう、と嘆いたり恨《うら》んだりするのではなくて、ああ、今こうやって病気になったのは、この病気になったことで、何かがわかるためなんだ、何かが見えてくるためなんだと、そういうふうに考えればいいのです。病気は変えられませんが、その病気を嫌なものと見るか、ありがたいものと見るか、それは私にかかっています。そして私はいかようにも考え方を変えられるのです。

それまであまり病気らしい病気もしたことのなかった私が、この病気になって少しやさしくなりました。

それまで、どうしてあの人は、あんなにちょっとしたことで疲れたというのだろうか、意気地《いくじ》がない。どうしてあの人は、朝早く起きてこないのだろうか、怠《なま》け者だ。人に対して厳しかった私が、自分が動けなくなった時、朝起きるのが辛くなった時、何もする気になれなかった時、腰や頭が痛くなった時、「ああ、人にもこういうことがあるんだ」ということがわかったのです。経験したが故に、それまで見えなかったものが見えてきたのです。

今、私は、あの時にうつ病になったおかげさまでと、負け惜しみでなく言うことができるようになりました。

心に風邪を引く人が多くなりました。決して同じとは言えませんが、「私もそうだったのですよ。辛いでしょう。でもきっと良くなりますよ」と、経験した者だけが言えることもあると思い、これも一つの恵みだったのだとしみじみ思うようになりました。

# 病気もまた一つの計らい

病気をしたことで見えてくるものがある。
嫌なものと見るか、ありがたいものと見るか、それは自分次第。

感謝

# 恵みの呼吸

私が、思いがけず学長職に就《つ》いて苦労していた時、一人の牧師さまが、色紙をくださいました。そこには次のような詩が書かれていました。

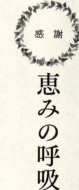

天のお父さま
どんな不幸を吸っても
吐く息は感謝でありますように
すべては恵みの呼吸ですから

生きているからには呼吸をします。呼吸をすれば、いやがおうでも、不幸という黴菌《ばいきん》がいっぱい入った空気を吸わなければなりません。

私は、この色紙を額に入れ、大学の正面玄関にかけました。なぜなら学生たちが、この玄関を後にして社会に出てゆく時、不幸の息を吸わざるを得なくなるからです。その時に不幸の息を吸っても、すぐに愚痴を言ったりして吐き出さないでほしい。増幅して他人まで不幸にしてしまわないようにしてほしい。いつか「おかげさまで」とその不幸、苦しみに感謝できる人になってほしいという、私の願いからでした。

人生には穴があくこともあります。生身の人間だから、病気になることもあり、それは当たり前のことなのです。その当たり前のことをしっかりと受け止めて、その不幸をいつか感謝の息に変えて吐き出すことができたら……と願います。

# 不幸さえも「おかげさまで」と感謝できる人に

不幸をそのまま吐き出さず、
いつか感謝の息に変えて、吐き出せるように。

責任

# 時間の使い方は、命の使い方

フランスの哲学者であるガブリエル・マルセルが、『人間この問われるもの』という著作の中で、次のようなことを書いています。

「私たちが一生の終わりに人生に向かって、『なんてつまらない人生だったんだろう。家庭もおもしろくなかった。仕事もおもしろくなかった。人間付き合いもうまくいかなかった』と愚痴を言ったとしたならば、人生はたぶん私たちに向かって、『あなたの人生をおもしろくするのも、つまらなくするのも、幸せにするのも、不幸せにするのも、あなた以外のだれでもなかったんですよ』と答えるだろう」

責任という言葉は、英語で「応《こた》える能力」(response-ability)からできています。私たちはいろいろな責任を負っていますが、その最大のものは、自分の人生をいかに過ごすかに対しての責任でしょう。

上等に丁寧《ていねい》に時間を使うと、上等で丁寧な人生が私の人生になります。粗末にぞんざいに、いい加減に時間を使うと、私の人生は、雑なものになります。憎しみを込めた時間が多ければ、憎しみの多い人生になるでしょうし、愛のこもった時間が多ければ、愛の深い人生を送ることができると言ってもいいのかもしれません。

問われるのは私たち自身なのです。「一生の終わりに残るものは、私たちが集めたものではなくて、私たちが与えたものだ」という言葉もあります。許しがたい相手を許し、やさしい眼差し、ほほえみ、やさしい言葉、温もりを与え、感謝し、そして祈ること……。そういう、人に与えたもの、時には損をしたと思うようなものが、人生の終わりに残るものだろうと思います。

# 一生の終わりに残るのは、私たちが与えたもの

人生をおもしろくするのも、つまらなくするのも、幸せにするのも、不幸せにするのも自分次第。

苦歴

# 人生の履歴書

人の一生は、波風のなかった人生がいい人生だった、挫折《ざせつ》がなかったからいい人生だったということではありません。

就職の時に出す履歴書には、学歴、職歴、趣味、特技と、その会社を希望する理由とか家族の欄がありますが、私たちが「人生の履歴書」と呼ぶものの中には、自分との闘い、自分の一生の中で思うままにならないこと、嫌なこと、辛いこと、そういうことをどのようにして受け止め、乗り越えて、しかも笑顔で乗り越えて成長したかという、その歴史を書く「苦歴」という欄が必ずあると、私は信じて生きています。

何月何日にこんなことが起きた、こんな苦しみがあった、人によっては生まれてから死ぬまで、自分はこういう苦しみを背負って生きてきたということを書く欄が必ずあって、他人は知らないことも、そこには書かれていきます。

そして、人生の終わりにその履歴書を出す時に、受け取ってくださる方は、学歴よりも職歴よりも、まず苦歴をごらんになって、「よく生きてきたね」とねぎらってくださるのです。

いい人生だったと一生の終わりに言うことができるとすれば、それは、苦難のなかった人生、嬉しいことが多かった人生では必ずしもなくて、自分が遭遇した一つひとつのことを、自分らしく受け止め、自分にしかつけられなかった足跡をつけて生きた人生と言えるのではないでしょうか。

# 思うままにならないことをどのように受け止め、成長したか

自分が遭遇する一つひとつのことを、
自分らしく笑顔で乗り越えてきたか。

よく
死ぬこと

# 「It is so beautiful」

マザー・テレサが日本にいらして講演をなさった時、一人の男性がこんな質問をしました。

「私はあなたを非常に尊敬しています。ただ一つ、どうしても伺いたいことがあります。それは、なぜ、わずかしかない医薬品と足りない人手を、それをかけたらば生き返るかもしれない、元気になるかもしれない人たちに与えないで、どれほど手をかけても死んでしまうような、臨終間際の人に与えるのですか？　無駄ではありませんか？　薬があり余っているのなら、人手が十分にあるのなら別ですが」

それに対して、マザーは、はっきりと「それは無駄ではありません」とお答えになりました。

「なぜならば、〝死を待つ人の家〟に連れて来られるホームレスの人たちは、望まれないで生まれ、生きている間中、人々から邪魔にされ、生きていても生きていなくても同じと考えて生きてきた人たちなのです。その人たちが、生まれて初めてやさしい人々の手によって体を清められ、髪をといてもらい、今まで飲んだこともないような薬をもらい、やさしい言葉で名前を尋ねられ、宗教を聞かれて、数時間後、十数時間後、人によっては数十時間後に死んでいくのです。その人たちは死ぬ時に『サンキュー』と言って死ぬのですよ。

産み捨てた親を恨み、冷たかった世間を呪《のろ》い、助けてくれなかった神も仏もあるものかと思いながら死んでいってもかまわないその人たちが、神仏の存在を信じ、親を許し、世間と和解し、感謝して、笑顔で安らかに死んでいくのです。そのために使われた医薬品、そのためにかけられた人手、時間ほど尊い使われ方はないでしょう」

私はそれを通訳しながら、私自身も自分の考え方を正されたような思いがいたしました。

物事をすべて合理化し、効率化することしか考えていない私。何が得になるか、損になるか、何が無駄で、無駄ではないか、あまりにも物質的な面だけで考えがちな私に対して、マザーはそれよりももっと大切なことがこの世にあることを教えてくださったのです。

「人間、生きることも大切ですが、死ぬことも大切です。それも良く死ぬことは一番大切です」とおっしゃった後、マザーは感にたえたように「It is so beautiful」(それは美しい情景です)と表現なさいました。

「きれいな光景」(pretty)ではありません。骨と皮の病人、老人の姿、蝿《はえ》が飛び交い、異臭が漂う「死を待つ人の家」は決してきれいではありません。しかし、そこで、人間として尊厳の中に安らかに生を終えようとする人々の姿は美しいものなのです。

# 良く生きることよりも大切なのが、
# 良く死ぬこと

何が無駄で、無駄ではないかよりも、
もっと大切なことがこの世にはある。

共に祈る

# 愛は近きより

一緒に住んでいたり、または血のつながった親族といった人たちにほほえみかけることは、あまり親しくない人々に対してほほえみかけるよりも難しい時があるものです。
「愛は近きより」ということを忘れないようにしましょう。

愛はどこから始まるのでしょうか?
私たちの家庭からです。
いつ始まるのでしょうか?
共に祈る時に始まります。
共に祈っている家族は崩壊することがありません。

これはマザー・テレサの言葉です。

マザーが亡くなって一年後の一九九八年、カルカッタにある「神の愛の宣教者会」という修道会の本部を再訪した時、チャペルの入り口にはマザーのご遺体が埋葬され、その台座に、次のような聖書の言葉が、彫りこまれていました。

「私があなたがたを愛したように、あなたがたも相愛しなさい」

マザーの生涯は、まさにこのキリストの言葉のような一生だったと思います。

マザーの愛は、キリストに倣《なら》った愛、すなわち誰からも見離され、見捨てられている人々――エイズ患者、ハンセン病患者、孤児、肺結核患者、ホームレス、貧しい人々――を見捨てない愛でした。

私たちは、身近で私たちの愛を必要としていながら、見捨てられているかもしれない家族のメンバーにもっとやさしくし、互いにいたわり、感謝し、共に祈ることを忘れていないでしょうか。「共に祈る家族は崩壊することがない」ともマザーは言っていらっしゃいます。

# 身近な人にほほえみかけることは、他人にほほえむより難しい時がある

愛を必要としながら、見捨てられているかもしれない家族に、もっとやさしくし、互いにいたわり、感謝し、共に祈る。

奉仕

# 周辺のカルカッタ

一九八一年に初めてマザーが日本に来られた時、東京・池袋のサンシャインビルで次のようなお話をなさいました。

「日本はきれいです。建物もきれいです。街を歩けば、みんなきれいな服装をしている。持っている物も、走っている車も、カルカッタとは天地の差があります。ところがそのきれいな日本で、家の中に夫と妻の間にいたわり合いがなかったら、親と子の間に対話がないとしたら、それはインドのカルカッタの泥でこねた家よりも、私は貧しいと思います」

その三年後、マザーが再来日された折、通訳をさせていただいたご縁で、私が学長をしていた大学でも講演をしていただきました。その時に、マザーのお話を聞いた学生たちが感動して、「カルカッタへ奉仕に行きたい」と申し出てくれました。

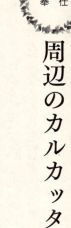

私はマザーに、「学生たちがこんなことを言っていますけれども、受け入れてやってくださいますか？」と申し上げました。するとマザーはとても嬉しそうな顔をなさって、私の手をしっかりと握りしめ、「学生さんたちに伝えてください。『ありがとう。でも、わざわざカルカッタまで来なくてもいいから、あなたの〝周辺のカルカッタ〟で喜んで働く人になってください』と、そうマザーが言っていたと伝えてください」とおっしゃったのです。私はそれを一つの使命として受け取りました。

私たちの周囲にある〝カルカッタ〟。そこには、物質的に飢え、病《や》み、疲れた人はいなくても、「愛」に飢え、ほほえみに飢え、人間としての尊厳を失っている、〝貧しい人々〟がいるのです。

この東京の真ん中にも〝カルカッタ〟があります。日本中いたるところに〝カルカッタ〟があるのではないでしょうか。職場にも、家庭にも。

そこで喜んで働く人たちを育てたいと思っています。

# 自分の周辺にある〝カルカッタ〟で、喜んで働く人になる

日本には、物質的に飢え、病み、疲れた人はいなくても、
「愛」に飢え、人間としての尊厳を失っている人がいる。

著者紹介
**渡辺和子**（わたなべ　かずこ）
1927年２月、教育総監・渡辺錠太郎の次女として旭川市に生まれる。51年、聖心女子大学を経て、54年、上智大学大学院修了。56年、ノートルダム修道女会に入り、アメリカに派遣されてボストン・カレッジ大学院に学ぶ。74年、岡山県文化賞（学術部門）、79年、山陽新聞賞（教育功労）、岡山県社会福祉協議会より済世賞、86年、ソロプチミスト日本財団より千嘉代子賞、89年、三木記念賞受賞。ノートルダム清心女子大学（岡山）教授を経て、同大学学長、ノートルダム清心学園理事長を務める。2016年、春の叙勲で旭日中綬章を受章。2016年12月30日逝去。
著書に、『置かれた場所で咲きなさい』『面倒だから、しよう』（以上、幻冬舎）、『現代の忘れもの』（日本看護協会出版会）、『目に見えないけれど大切なもの』『「ひと」として大切なこと』『美しい人に』『愛と励ましの言葉366日』『マザー・テレサ　愛と祈りのことば〈翻訳〉』『幸せはあなたの心が決める』『どんな時でも人は笑顔になれる』『幸せのありか』（以上、ＰＨＰ研究所）ほか多数がある。

本書は、2006年６月にＰＨＰ研究所より刊行された作品を、再編集したものです。
本文の年月、肩書きなどは、特に記載のない限り、単行本時のままとしています。
本文中のa, b, cは、『育てたように子は育つ』（小学館）より。

PHP文庫　愛と祈りで子どもは育つ

2017年8月15日　第1版第1刷

著　者　渡　辺　和　子
発行者　岡　修　平
発行所　株式会社ＰＨＰ研究所
東京本部　〒135-8137　江東区豊洲5-6-52
文庫出版部　☎03-3520-9617(編集)
普及一部　☎03-3520-9630(販売)
京都本部　〒601-8411　京都市南区西九条北ノ内町11

PHP INTERFACE　http://www.php.co.jp/

組　版　株式会社PHPエディターズ・グループ
印刷所
製本所　図書印刷株式会社


ISBN978-4-569-76767-3